Classiques Larousse

Maupassant
Un réveillon,
contes et nouvelles
de
Normandie

Édition présentée, annotée et expliquée
par
BERNARD VALETTE
agrégé de lettres modernes

LAROUSSE

Sommaire

© Larousse 1991.

ISBN 2-03-871276-X.

(Collection fondée par Félix Guirand et continuée par Léon Lejealle.)

L'ami Maupassant

L'Ami Maupassant, tel était le titre d'une série d'émissions de Claude Santelli, consacrées à l'œuvre de Maupassant (voir p. 266). Personnage attachant par son caractère, son originalité, par la simplicité et la profondeur de son écriture, par ses contradictions mêmes, Maupassant l'a sans doute été pour ses contemporains, qui l'admiraient, mais il l'est aussi pour les lecteurs du XXᵉ siècle, tant les problèmes qu'il a soulevés restent d'actualité. Qui était Guy de Maupassant ?

De Fécamp à Rouen

Maupassant naît le 5 août 1850 à Fécamp (ou au château de Miromesnil, non loin de Dieppe, selon une version plus aristocratique des faits). Anoblis au

Gustave Flaubert.

XVIIIᵉ siècle, ses ancêtres, d'origine lorraine, se sont fixés en Normandie. Sa mère, d'ascendance normande, est liée depuis l'enfance avec l'écrivain Gustave Flaubert, alors établi à Rouen. C'est en Haute-Normandie que s'écoulera la petite enfance de Guy, le fils aîné des Maupassant ; son frère, Hervé, naîtra en 1856.

4

En 1854, la famille s'installe au château de Grainville-Ymauville (voir p. 22-23). La mésentente des parents, qui durait depuis longtemps, les amène à se séparer à l'amiable en 1860. Guy et son frère suivent leur mère à Étretat où ils connaissent les joies de la mer et de la campagne qu'offre le pays de Caux.

1863 est l'année où Maupassant entre au petit séminaire (école dirigée par les jésuites) d'Yvetot. Il y fait, sans grand enthousiasme, des études modestes, puis entre au lycée de Rouen. Il fréquente alors Flaubert et l'amitié de celui-ci sera décisive au niveau des orientations littéraires du jeune bachelier.

La vie parisienne

La guerre franco-prussienne

En 1870, ses études de droit à Paris à peine débutées, la guerre éclate. Maupassant prend part à la résistance contre les Prussiens et gardera l'esprit revanchard, mais vouera surtout une haine tenace à l'égard de la guerre et des hommes politiques qui l'imposent.

Démobilisé, il vit d'abord à Paris d'une fort maigre pension que lui verse son père. En 1873, il entre comme modeste employé de bureau au ministère de la Marine.

Les distractions d'un fonctionnaire

Les années 1870 sont marquées pour Maupassant par la monotonie de la vie de fonctionnaire, par la fréquentation assidue de Flaubert (donc l'apprentissage de la littérature) et, enfin, par les joies du canotage. C'est en effet le sport favori de Maupassant. Véritable athlète, il peut ramer pendant des heures avec ses jeunes

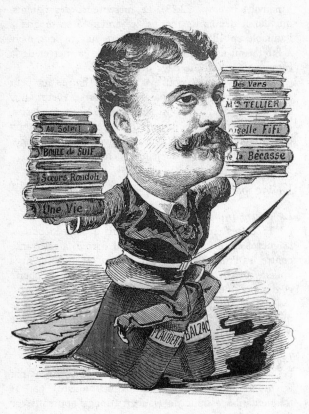

Guy à cheval sur les œuvres de ses maîtres Flaubert et Balzac.
Caricature anonyme, 1884. Bibliothèque municipale de Rouen.

camarades, écumant la Seine en aval de Paris, sur les lieux que peindront les impressionnistes : Chatou, Bougival, Saint-Germain, Poissy...

Parties de campagne, farces d'artistes, beuveries, fêtes perpétuelles, vie facile avec des « filles de petite vertu » : telles sont les principales occupations de Maupassant, telles seront aussi les sources d'inspiration de plusieurs de ses nouvelles.

Les débuts littéraires

Maupassant fréquente les écrivains réalistes comme Daudet, les frères Goncourt, puis il fait la connaissance de Tourgueniev et de Zola. Lui-même rédige — sans succès — des pièces de théâtre et commence à publier des articles de critique littéraire sur Balzac, qu'il admire. Il travaille à un roman (qui deviendra *Une vie*) et écrit des contes fantastiques. Cependant, grâce à Flaubert, il peut entrer au ministère de l'Instruction publique.

Les soirées de Médan

Flaubert était surnommé « l'ermite de Croisset » (du nom de la petite localité où il vivait, à proximité de Rouen) ; Zola, lui, s'était acheté une propriété à Médan (près de Villennes-sur-Seine, à une trentaine de kilomètres de Paris). C'est là que se réunissent notamment les écrivains naturalistes qui optent pour une représentation de la réalité, même dans ses aspects les plus sordides. Au cours d'une de leurs soirées, en 1880, ces auteurs, ainsi que Zola et Maupassant, décident d'écrire chacun une nouvelle et de publier un recueil commun.

Avec *Boule de suif,* Maupassant conquiert une célébrité immédiate et l'admiration de ses pairs. La presse s'ouvre à lui. C'est le début de l'aventure littéraire.

Les succès mondains et littéraires

Certains aspects de la vie privée de Maupassant sont mal connus. Homme à femmes, on sait qu'il s'intéressa de près, dans sa vie comme dans ses œuvres, aux liaisons galantes, aux lieux de plaisir, aux maisons closes (voir *la Maison Tellier*). Il eut toujours beaucoup d'estime pour les prostituées, affichant une attitude tout à fait opposée à la mentalité hypocrite du second Empire et à l'ordre moral de la IIIe République. Maupassant eut trois enfants avec Joséphine Litzelmann, mais il ne les reconnut pas.

À partir de 1881, sa notoriété littéraire est telle qu'il

La Falaise d'Étretat.
Peinture de Gustave Courbet (1819-1877). Musée d'Orsay, Paris.

peut quitter son emploi au ministère. Il collabore dans de nombreux journaux, sous divers pseudonymes, notamment celui de Maufrigneuse.

Le temps des voyages

L'altération de sa santé lui impose cependant de nombreux séjours dans des villes de cure et des voyages, essentiellement autour du bassin méditerranéen (Afrique du Nord, Corse, Italie, Côte d'Azur). La voile le passionne toujours, ainsi que les paysages normands : il se fait construire une maison à Criquetot, près d'Étretat : les fêtes y sont fréquentes !

Mais Flaubert, dont il se disait le disciple, est mort en 1880 ; son propre frère, Hervé, sera interné dans un asile psychiatrique en 1887. Malgré une gloire littéraire grandissante, Maupassant sombre dans une dépression accrue.

Vers la folie

Le Horla (première version) paraît en 1886. Maupassant est atteint de douleurs physiques (maux de tête, cécité progressive, etc.) et surtout de troubles psychiques. Il s'intéresse à l'occultisme, aux phénomènes paranormaux et suit les cours du professeur Charcot (l'un des maîtres de Freud). La santé mentale de Maupassant décline au point qu'en 1892 il sera ramené de Nice à Paris en camisole de force.

Il meurt en 1893, à l'âge de 43 ans, victime d'une crise de démence. À la fois redoutée et fascinante, la folie n'aura cessé d'inspirer dans sa vie comme dans ses œuvres l'auteur du *Horla*.

Maupassant

rencontre
avec Flaubert
1869

premiers succès
littéraires
1880

1850

Émile Zola (1840-1902)

Alphonse Daudet (1840-1897)

Gustave Flaubert (1821-1880)

Ivan Tourgueniev (1818-1883)

George Sand (1804-1876)

Prosper Mérimée (1803-1870)

Victor Hugo (1802-1885)

IIᵉ République	Second Empire (1852-1870)

1870-1871 : guerre franco-prussienne

1871 : Commune de Paris

fréquents séjours
en Normandie
1881-1892
1893

IIIᵉ République
(1870-1940)

1880-1882 : lois scolaires de Jules Ferry

11

Un conteur-né

L'écrivain en quelques chiffres

Maupassant, c'est 6 romans, 180 chroniques littéraires (articles de journaux), une abondante correspondance, des vers et des pièces de théâtre, des œuvres licencieuses (légères et grivoises) ; mais c'est avant tout plus de 300 contes et nouvelles qui s'échelonnent de 1875 *(la Main d'écorché)* à 1890 (l'*Inutile Beauté* est son dernier recueil). Ces récits courts (environ 5 pages pour la plupart d'entre eux) sont généralement publiés dans les journaux avant d'être édités en recueils (voir p. 24). Ils connaissent tous un grand succès, lié à la démocratisation culturelle et à l'industrialisation de la France. Les progrès de l'enseignement permettent une multiplication du nombre des lecteurs, les procédés techniques modernes donnent à la presse un essor sans précédent. Sur le plan économique, l'auteur bénéficie des grands tirages : en effet, il n'est plus comme autrefois dépendant d'un mécène ou pensionné par une institution ; directement intéressé au chiffre de ventes, il s'adresse dorénavant à un large public.

Or, qu'est-ce qui intéresse le lectorat de journaux comme *le Gaulois* (opposition libérale), *Gil Blas* (centre gauche), *le Figaro* (monarchiste et mondain), *l'Écho de Paris* (conservateur libéral), sinon un univers mi-réaliste, mi-imaginaire où le dépaysement se mêle habilement aux problèmes d'actualité, voire aux faits divers dont tout le monde parle ?

Vendeurs de journaux, dans la rue du Croissant,
à Paris, où se situaient de nombreuses entreprises de presse.
Gravure de L. Charles Maynard, vers 1890.

Les principaux thèmes

Sur 300 contes, près d'un tiers sont consacrés aux paysages et aux hommes de Normandie : Maupassant demeurera toujours fidèle à son milieu naturel (le pays de Caux) et culturel (la Normandie de Flaubert ; les plages à la mode ; la tradition littéraire du paysan).

La guerre de 1870 est aussi une veine exploitée dans quelques-uns des contes les plus populaires : la lâcheté des notables, l'hypocrisie des bourgeois y créent un surprenant contraste avec la bravoure de certains marginaux, le courage des humbles (voir *Boule de suif*). Comme Baudelaire ou Victor Hugo, Maupassant sait se faire le porte-parole de ceux que la société rejette.

Le fantastique, les marges de la folie, l'angoisse tiennent également une large place dans la production littéraire de Maupassant. La drogue *(Yvette)*, le suicide *(l'Endormeuse)*, le viol *(Madame Baptiste)*, l'innocence injustement bafouée *(Coco)* contribuent au pathétique de certaines nouvelles. Mais le plus souvent Maupassant écrit ses contes au jour le jour, en fonction des débats d'idées qui agitent l'opinion. Ainsi, on peut lire *la Question du latin* alors que la querelle autour de l'enseignement de cette langue morte divise les Français, *la Légende du mont Saint-Michel* (voir p. 97) au moment où s'élève un conflit d'ampleur nationale entre deux branches rivales d'une famille (les Poulard aîné et cadet), etc. Maupassant suit l'actualité mais dépasse l'anecdote. Un thème revient d'ailleurs de façon obsessionnelle dans son œuvre : celui de la famille, de l'enfant bâtard, des rapports humains dans une société où priment l'égoïsme et l'ingratitude.

Maupassant, réaliste ou pessimiste ?

Un maître exigeant : Flaubert

Maupassant est essentiellement un classique. Son génie n'est pas apparu brusquement, mais il s'est développé au contact de modèles éminents : Balzac, le grand ancêtre ; Flaubert, le maître du roman moderne ; Zola enfin, chef de file des naturalistes. C'est en suivant les conseils de Flaubert que le jeune Maupassant a corrigé son style, supprimant les lourdeurs, se méfiant des abus d'une rhétorique trop scolaire, allant toujours vers un dépouillement plus poussé de l'écriture et l'effacement de l'artiste.

L'influence de « l'ermite de Croisset » est sensible dans ce parti pris d'objectivité, d'impartialité : l'auteur n'intervient jamais directement dans le récit. Elle se fait aussi sentir dans le choix de certains tableaux, de certaines scènes (les noces paysannes, le départ de la diligence, les repas familiaux, etc.) ou de noms propres qui sont comme autant de références aux textes de son illustre devancier. Enfin, écrivain normand, Maupassant n'est pas pour autant un romancier régionaliste. Il refuse le pittoresque, la couleur locale que cultive par exemple Alphonse Daudet pour la Provence. La Normandie de Maupassant est décrite avec précision, mais dans sa dimension universelle : c'est l'image même de la province française, avec ses personnages caricaturaux comme ses aspects sympathiques.

Un guide sans concession : la réalité

À lire l'œuvre de Maupassant, l'impression qui domine est celle d'une étrange simplicité : simplicité du vocabulaire, de la syntaxe, des situations choisies et des personnages mis en scène. Dans un cadre familier, une intrigue réduite à un petit nombre d'éléments se déroule de façon linéaire. C'est un aveu, le récit d'une farce, d'une aventure, plaisante ou malheureuse, un souvenir qui donnent toujours l'illusion d'être fidèlement empruntés au réel. Comme les titres l'indiquent *(la Ficelle, Aux champs, le Petit Fût),* tout l'art de Maupassant est de donner à une historiette, aussi insignifiante soit-elle, une portée morale, amusante ou grinçante, destinée à faire réfléchir le lecteur. C'est le plus souvent la chute de la nouvelle (voir p. 267), une conclusion inattendue, voire l'absence de fin, qui, brisant les conventions romanesques et l'attente du lecteur, induisent une signification symbolique et suscitent une pluralité d'interprétations. Mais Maupassant se garde bien d'intervenir et de proposer un jugement personnel : la nouvelle, comme la vie, n'est ni juste ni injuste. Elle n'a pas de morale.

Un univers sans pitié : les hommes

Même souci de réalisme, semble-t-il, dans la description de l'humanité, le portrait des personnages. Ce sont des gentilshommes campagnards passionnément épris de chasse et volontiers paillards, des paysans un peu bornés (en apparence tout au moins), des filles de ferme (moins naïves qu'elles ne le paraissent), des individus rustres

Les Glaneuses.
Dessin du peintre normand Jean-François Millet (1814-1875).

mais hypocrites, sans scrupule. Les « héros » de Maupassant appartiennent aux couches sociales les plus ordinaires, les plus conformes aux stéréotypes du Normand (ou du Français) moyen ! En s'attachant à caricaturer l'égoïsme fondamental de l'homme, sa cupidité, son étroitesse d'esprit, son tempérament chicanier et méfiant, Maupassant, là encore, ne fait que copier la nature. Une nature particulièrement cruelle qui peut alimenter son tempérament de toute évidence pessimiste.

Voué à la solitude, l'homme ne peut se conserver, au sein de cette jungle que représente la société, que grâce à sa débrouillardise et à son cynisme. Le plus fort — ou le plus pervers — gagne toujours, mais Maupassant ne dit pas si cette victoire, qui assure la survie temporaire de l'individu, est un triomphe pour l'humanité en général et un bien pour l'espèce : au lecteur de se faire sa propre opinion.

La Normandie
de Maupassant

La totalité des récits contenus dans le présent recueil
se situent en Normandie. L'inspiration normande est
surtout sensible dans les premiers contes de Maupassant
(de 1880 à 1882). Mais, à la fin de sa vie, il semble
éprouver la nostalgie du pays natal puisque, à partir de
1885, il revient fréquemment à des thèmes et des lieux
chers à ses débuts littéraires.

Des paysages campagnards et maritimes

Ancienne province française, la Normandie se compose
actuellement de cinq départements. Son paysage est
particulier : plateaux verdoyants coupés de « valleuses »
s'enfonçant dans de hautes falaises, ports fleuris et, à
l'intérieur, vastes pâturages bénéficiant du climat humide,
pommiers à cidre, longues allées d'ormes centenaires
conduisant à des manoirs, grosses fermes à colombages,
etc. Mais la Normandie n'est pas qu'une région
d'agriculture et d'élevage. C'est aussi tout un réseau de
voies de communication, une capitale régionale (Rouen)
et un ensemble de bourgs et de villages aux noms bien
spécifiques.

Les noms de lieux

Maupassant est très attentif à la toponymie, c'est-à-dire
à l'étude des noms de lieux (du grec *topos,* « lieu », et

nomos, « nom »). L'influence des Vikings a été très importante sur la dénomination des villes, villages et lieux-dits normands : beaucoup ont une terminaison en « -beuf », de *bod* qui signifie « abri », en « -fleur », de *flod* signifiant « marée », ou en « -bec », d'un mot voulant dire « ruisseau ». En latin, le nom propre occupe souvent la seconde place (ex. : *Aquae Sextiae,* « les eaux de Sextius », ancienne dénomination d'Aix). En revanche, les noms de lieux normands sont formés du patronyme du peuple ou de la famille, souvent suivi de « ville » (du bas latin *villa,* « domaine rural »).

Géographiquement délimitée, l'identité normande correspond donc aussi à une aire culturelle et linguistique que représentent bien certains paysans de Maupassant.

Les contes et leur géographie

Un réveillon : lieux non précisés.

Le Saut du berger : une valleuse entre Dieppe et Le Havre (lieux réels).

Histoire vraie : Cauville, près d'Étretat, et Sasseville, près de Cany (lieux réels) ; Villebon, Barneville, Éparville et Rollebec (lieux imaginaires).

Farce normande : lieux non précisés.

Pierrot : Rolleville, au centre du pays de Caux (lieu réel).

Un Normand : Rouen, Jumièges, Canteleu, Duclair (lieux réels).

Aux champs : Rolleport (lieu imaginaire).

La Légende du mont Saint-Michel : le mont Saint-Michel, Mortain (lieux réels).

La Ficelle : Goderville, Bréauté, Beuzeville, Manneville, Ymauville, Criquetot, Montivilliers (lieux réels).

Le Modèle : Étretat (lieu réel).

Le Petit Fût : Épreville (lieu réel).

Le Crime au père Boniface : Vireville et Sennemare (lieux imaginaires).

L'Aveu : lieux non précisés.

Le Retour : Épreville et Auzebosc (lieux réels).

L'Abandonné : Fécamp (lieu réel).

La Dot : Paris (lieu réel) et Boutigny-le-Rebours (lieu imaginaire).

La Bête à maît' Belhomme : Le Havre et Criquetot (lieux réels), Gorgeville, Campemuret et Rollebosc (lieux imaginaires).

Hautot père et fils : Rouen (lieu réel) et Ainville (lieu imaginaire).

La Manche

CAP DE LA HAGUE

Cherbourg

Bayeux

Caen

Vire

Granville

Orne

Mortain

Mont-St-Michel

Sélune

0 10 20 30 40 50 km

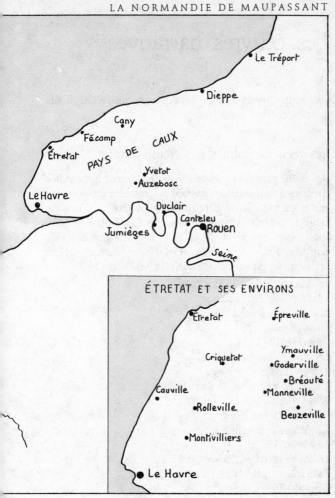

ÉTRETAT ET SES ENVIRONS

Les œuvres narratives

Les contes, nouvelles et romans sont des récits fictifs appelés œuvres narratives.

Les recueils publiés par Maupassant

Après une première publication de ses contes ou nouvelles dans les journaux, Maupassant les rassemblait pour les éditer en recueils. Le titre retenu pour chacun d'eux est celui du premier récit, sauf pour les *Contes de la bécasse*, les *Contes du jour et de la nuit*, *la Main gauche* et la nouvelle *Boule de suif* parue dans le premier recueil collectif, *les Soirées de Médan* (voir p. 7), en 1880.

La Maison Tellier, 1881 ;
Mademoiselle Fifi, 1882 ;
Contes de la bécasse, 1883 ;
Clair de lune, 1884 ;
Miss Harriet, 1884 ;
Les Sœurs Rondoli, 1884 ;
Yvette, 1884 ;
Contes du jour et de la nuit, 1885 ;
Toine, 1886 ;
Monsieur Parent, 1886 ;
La Petite Roque, 1886 ;
Le Horla, 1887 ;
Le Rosier de Mme Husson, 1888 ;
La Main gauche, 1889 ;
L'Inutile Beauté, 1890.

Les recueils dont sont extraits les contes et nouvelles publiés dans ce « Classique » sont indiqués à la fin de chacun d'eux, de même que le journal dans lequel ils ont paru pour la première fois.

Les romans

Les romans se distinguent des contes et nouvelles essentiellement par un récit plus long. Ils proposent généralement aussi des sujets et des personnages plus complexes.

Une vie, 1883 ;
Bel-Ami, 1885 ;
Mont-Oriol, 1887 ;
Pierre et Jean, 1888 ;
Fort comme la mort, 1889 ;
Notre cœur, 1890.

Portrait de Guy de Maupassant. Coll. part.

Un réveillon,
contes et nouvelles de Normandie

contes
parus pour la première fois
de 1882 à 1889

Le château du Bec en Haute-Normandie (détail).
Dessin de Jean-Jacques Champin (1796-1860).

Un réveillon

Je ne sais plus au juste l'année. Depuis un mois entier je chassais avec emportement, avec une joie sauvage, avec cette ardeur qu'on a pour les passions nouvelles.

J'étais en Normandie, chez un parent non marié,
5 Jules de Banneville, seul avec lui, sa bonne, un valet et un garde dans son château seigneurial. Ce château, vieux bâtiment grisâtre entouré de sapins gémissants, au centre de longues avenues de chênes où galopait le vent, semblait abandonné depuis des siècles. Un antique
10 mobilier habitait seul les pièces toujours fermées, où jadis ces gens dont on voyait les portraits accrochés dans un corridor[1] aussi tempétueux que les avenues recevaient cérémonieusement les nobles voisins.

Quant à nous, nous nous étions réfugiés simplement
15 dans la cuisine, seul coin habitable du manoir[2], une immense cuisine dont les lointains sombres s'éclairaient quand on jetait une bourrée nouvelle dans la vaste cheminée. Puis, chaque soir, après une douce somnolence devant le feu, après que nos bottes trempées avaient
20 fumé longtemps et que nos chiens d'arrêt, couchés en rond entre nos jambes, avaient rêvé de chasse en aboyant comme des somnambules, nous montions dans notre chambre.

---

1. *Corridor* : couloir.
2. *Manoir* : petit château campagnard.

C'était l'unique pièce qu'on eût fait plafonner et
25 plâtrer partout, à cause des souris. Mais elle était
demeurée nue, blanchie seulement à la chaux, avec des
fusils, des fouets à chiens et des cors de chasse accrochés
aux murs ; et nous nous glissions grelottants dans nos
lits, aux deux coins de cette case sibérienne.

30 À une lieue[1] en face du château, la falaise à pic
tombait dans la mer ; et les puissants souffles de
l'Océan, jour et nuit, faisaient soupirer les grands arbres
courbés, pleurer le toit et les girouettes, crier tout le
vénérable bâtiment, qui s'emplissait de vent par ses
35 tuiles disjointes, ses cheminées larges comme des
gouffres, ses fenêtres qui ne fermaient plus[2].

Ce jour-là il avait gelé horriblement. Le soir était
venu. Nous allions nous mettre à table devant le grand
feu de la haute cheminée où rôtissaient un râble de
40 lièvre flanqué[3] de deux perdrix qui sentaient bon.

Mon cousin leva la tête : « Il ne fera pas chaud en
se couchant », dit-il.

Indifférent, je répliquai : « Non, mais nous aurons
du canard aux étangs demain matin. »

45 La servante, qui mettait notre couvert à un bout de
la table et celui des domestiques à l'autre bout,
demanda : « Ces messieurs savent-ils que c'est ce soir
le réveillon ? »

---

1. *Lieue* : ancienne mesure de distance (environ 4 km).
2. *Vénérable bâtiment ... qui ne fermaient plus* : le manoir de Banneville
(nom fictif) n'est pas sans ressembler au château de Miromesnil où
Maupassant est supposé être né (voir p. 4).
3. *Flanqué* : entouré.

Nous n'en savions rien assurément, car nous ne
50 regardions guère le calendrier. Mon compagnon
reprit : « Alors c'est ce soir la messe de minuit. C'est
donc pour cela qu'on a sonné toute la journée ! »

La servante répliqua : « Oui et non, monsieur ; on
a sonné aussi parce que le père Fournel est mort. »

55 Le père Fournel, ancien berger, était une célébrité du
pays. Âgé de quatre-vingt-seize ans, il n'avait jamais été
malade jusqu'au moment où, un mois auparavant, il
avait pris froid, étant tombé dans une mare par une
nuit obscure. Le lendemain il s'était mis au lit. Depuis
60 lors il agonisait.

Mon cousin se tourna vers moi : « Si tu veux, dit-il,
nous irons tout à l'heure voir ces pauvres gens. » Il
voulait parler de la famille du vieux, son petit-fils, âgé
de cinquante-huit ans, et sa petite belle-fille, d'une année
65 plus jeune. La génération intermédiaire n'existait déjà
plus depuis longtemps. Ils habitaient une lamentable
masure[1], à l'entrée du hameau, sur la droite.

Mais je ne sais pourquoi cette idée de Noël, au fond
de cette solitude, nous mit en humeur de causer. Tous
70 les deux, en tête-à-tête, nous nous racontions des
histoires de réveillons anciens, des aventures de cette
nuit folle, les bonnes fortunes passées et les réveils du
lendemain, les réveils à deux avec leurs surprises
hasardeuses, l'étonnement des découvertes.

---

1. *Masure* : en Normandie, enclos où se trouve la ferme. Par extension,
petite maison misérable.

75   De cette façon, notre dîner dura longtemps. De nombreuses pipes le suivirent ; et, envahis par ces gaietés de solitaires, des gaietés communicatives qui naissent soudain entre deux intimes amis, nous parlions sans repos, fouillant en nous pour nous dire ces
80 souvenirs confidentiels du cœur qui s'échappent en ces heures d'effusion.

   La bonne, partie depuis longtemps, reparut : « Je vais à la messe, monsieur.

   — Déjà !

85   — Il est minuit moins trois quarts.

   — Si nous allions aussi jusqu'à l'église ? demanda Jules, cette messe de Noël est bien curieuse aux champs. »

   J'acceptai, et nous partîmes, enveloppés en nos fourrures de chasse.

90   Un froid aigu piquait le visage, faisait pleurer les yeux. L'air cru[1] saisissait les poumons, desséchait la gorge. Le ciel profond, net et dur, était criblé d'étoiles qu'on eût dites pâlies par la gelée ; elles scintillaient non point comme des feux, mais comme des astres de
95 glace, des cristallisations brillantes. Au loin, sur la terre d'airain[2], sèche et retentissante, les sabots des paysans sonnaient ; et, par tout l'horizon, les petites cloches des villages, tintant, jetaient leurs notes grêles comme frileuses aussi, dans la vaste nuit glaciale.

100   La campagne ne dormait point. Des coqs, trompés par ces bruits, chantaient ; et en passant le long des

---

1. *Cru* : vif.
2. *D'airain* : semblable à du métal parce que durcie par le froid.

étables, on entendait remuer les bêtes troublées par ces
rumeurs de vie.

En approchant du hameau, Jules se ressouvint des
105 Fournel. « Voici leur baraque, dit-il : entrons ! »

Il frappa longtemps en vain. Alors une voisine, qui
sortait de chez elle pour se rendre à l'église, nous ayant
aperçus : « Ils sont à la messe, messieurs ; ils vont
prier pour le père.

110 — Nous les verrons en sortant », dit mon cousin.

La lune à son déclin profilait au bord de l'horizon
sa silhouette de faucille au milieu de cette semaille
infinie de grains luisants jetés à poignée dans l'espace.
Et par la campagne noire, des petits feux tremblants
115 s'en venaient de partout vers le clocher pointu qui
sonnait sans répit. Entre les cours des fermes plantées
d'arbres, au milieu des plaines sombres, ils sautillaient,
ces feux, en rasant la terre. C'étaient des lanternes de
corne que portaient les paysans devant leurs femmes
120 en bonnet blanc, enveloppées de longues mantes noires,
et suivies des mioches mal éveillés, se tenant la main
dans la nuit.

Par la porte ouverte de l'église, on apercevait le
chœur[1] illuminé. Une guirlande de chandelles d'un sou[2]
125 faisait le tour de la nef[3] ; et par terre, dans une chapelle[4]

---

1. *Chœur* : partie de l'église où se tiennent les membres du clergé et
les chanteurs.
2. *Un sou* : ancienne unité de monnaie, valant le vingtième d'une
livre, puis du franc (soit 5 centimes).
3. *Nef* : partie de l'église comprise entre le portail et le chœur.
4. *Chapelle* : partie annexe d'une église comportant un autel.

à gauche, un gros Enfant-Jésus était sur de la vraie paille, au milieu des branches de sapin, sa nudité rose et maniérée.

L'office commençait. Les paysans courbés, les femmes
130 à genoux, priaient. Ces simples gens, relevés par la nuit froide, regardaient, tout remués, l'image grossièrement peinte, et ils joignaient les mains, naïvement convaincus autant qu'intimidés par l'humble splendeur de cette représentation puérile.

135 L'air glacé faisait palpiter les flammes. Jules me dit : « Sortons ! on est encore mieux dehors. »

Et sur la route déserte, pendant que tous les campagnards prosternés grelottaient dévotement, nous nous mîmes à recauser de nos souvenirs, si longtemps
140 que l'office était fini quand nous revînmes au hameau.

Un filet de lumière passait sous la porte des Fournel. « Ils veillent leur mort, dit mon cousin. Entrons enfin chez ces pauvres gens, cela leur fera plaisir. »

Dans la cheminée, quelques tisons agonisaient. La
145 pièce noire, vernie de saleté, avec ses solives[1] vermoulues brunies par le temps, était pleine d'une odeur suffocante de boudin grillé. Au milieu de la grande table, sous laquelle la huche au pain s'arrondissait comme un ventre dans toute sa longueur, une chandelle, dans un chandelier
150 de fer tordu, filait jusqu'au plafond l'âcre fumée de sa mèche en champignon. — Et les deux Fournel, l'homme et la femme, réveillonnaient en tête-à-tête.

Mornes, avec l'air navré et la face abrutie des paysans,

---

1. *Solives* : pièces de la charpente qui s'appuient sur les poutres.

ils mangeaient gravement sans dire un mot. Dans une
155 seule assiette, posée entre eux, un grand morceau de
boudin dégageait sa vapeur empestante. De temps en
temps, ils en arrachaient un bout avec la pointe de leur
couteau, l'écrasaient sur leur pain qu'ils coupaient en
bouchées, puis mâchaient avec lenteur.

160   Quand le verre de l'homme était vide, la femme,
prenant la cruche au cidre, le remplissait.

    À notre entrée, ils se levèrent, nous firent asseoir,
nous offrirent de « faire comme eux », et, sur notre
refus, se remirent à manger.

165   Au bout de quelques minutes de silence, mon cousin
demanda : « Eh bien, Anthime, votre grand-père est
mort ?

    — Oui, mon pauv'monsieur, il a passé tantôt. »

    Le silence recommença. La femme, par politesse,
170 moucha la chandelle[1]. Alors, pour dire quelque chose,
j'ajoutai : « Il était bien vieux. »

    Sa petite belle-fille de cinquante-sept ans reprit :
« Oh ! son temps était terminé, il n'avait plus rien à
faire ici. »

175   Soudain, le désir me vint de regarder le cadavre de
ce centenaire, et je priai qu'on me le montrât.

    Les deux paysans, jusque-là placides, s'émurent
brusquement. Leurs yeux inquiets s'interrogèrent, et ils
ne répondirent pas.

180   Mon cousin, voyant leur trouble, insista.

---

1. *Moucha la chandelle* : éteignit la flamme entre ses doigts.

L'homme alors, d'un air soupçonneux et sournois, demanda : « À quoi qu'ça vous servirait ?

— À rien, dit Jules, mais ça se fait tous les jours ; pourquoi ne voulez-vous pas le montrer ? »

185 Le paysan haussa les épaules. « Oh ! moi, j'veux ben ; seulement, à c'te heure-ci, c'est malaisé. »

Mille suppositions nous passaient dans l'esprit. Comme les petits-enfants du mort ne remuaient toujours pas, et demeuraient face à face, les yeux baissés, avec 190 cette tête de bois des gens mécontents, qui semble dire : « Allez-vous-en », mon cousin parla avec autorité : « Allons, Anthime, levez-vous, et conduisez-nous dans sa chambre. » Mais l'homme, ayant pris son parti, répondit d'un air renfrogné : « C'est pas la peine, 195 il n'y est pu, monsieur.

— Mais alors, où donc est-il ? »

La femme coupa la parole à son mari : « J'vas vous dire : j'l'avons mis jusqu'à d'main dans la huche, parce que j'avions point d'place. »

200 Et, retirant l'assiette au boudin, elle leva le couvercle de leur table, se pencha avec la chandelle pour éclairer l'intérieur du grand coffre béant au fond duquel nous aperçûmes quelque chose de gris, une sorte de long paquet d'où sortait, par un bout, une tête maigre avec 205 des cheveux blancs ébouriffés, et, par l'autre bout, deux pieds nus.

C'était le vieux, tout sec, les yeux clos, roulé dans son manteau de berger, et dormant là son dernier sommeil, au milieu d'antiques et noires croûtes de pain, 210 aussi séculaires que lui.

Ses enfants avaient réveillonné dessus !

Jules, indigné, tremblant de colère, cria : « Pourquoi

ne l'avez-vous pas laissé dans son lit, manants[1] que vous êtes ? »

215 Alors la femme se mit à larmoyer, et très vite : « J'vas vous dire, mon bon monsieur, j'avons qu'un lit dans la maison. J'couchions avec lui auparavant puisque j'étions qu'trois. D'puis qu'il est si malade, j'couchons par terre ; c'est dur, mon brave monsieur, dans ces
220 temps ici. Eh ben, quand il a été trépassé, tantôt, j'nous sommes dit comme ça : Puisqu'il n'souffre pu, c't'homme, à quoi qu'ça sert de l'laisser dans le lit ? j'pouvons ben l'mettre jusqu'à d'main dans la huche, et je r'prendrions l'lit c'te nuit qui s'ra si froide.
225 J'pouvions pourtant pas coucher avec ce mort, mes bons messieurs !... »

Mon cousin, exaspéré, sortit brusquement en claquant la porte, tandis que je le suivais, riant aux larmes.

Première publication dans le journal *Gil Blas,* 5 janvier 1882.
Repris dans le volume *Mademoiselle Fifi,* en 1882.

---

1. *Manants :* paysans (péjoratif).

Un réveillon

LE LIEU ET LE TEMPS

1. Quand l'histoire se déroule-t-elle ? Repérez la ligne où la date se trouve indiquée.

2. Quels sont les différents lieux décrits ? Relevez les comparaisons et les métaphores (c'est-à-dire les images) qui caractérisent chacun d'eux.

3. Quelles sont les conditions atmosphériques ?

4. À quel moment le paysage est-il décrit ? Citez le texte.

LES PERSONNAGES

5. Qui parle dans ce texte ?

6. Le narrateur (voir p. 269) participe-t-il au récit ? Quel lien de parenté l'unit à Jules de Banneville ?

7. Qui a l'initiative de l'action ?

8. Quels sont les autres personnages ? Dans quelles circonstances fait-on leur connaissance ?

LA SATIRE

9. Définissez la satire (en vous aidant d'un dictionnaire au besoin) et notez les passages où elle s'exprime.

10. Relevez le vocabulaire de la religion. Quelle attitude ont à l'égard du sacré le narrateur et son cousin ? les paysans ?

11. Par qui la phrase de la ligne 211 est-elle exprimée ? Pourquoi est-ce important ?

12. Étudiez l'opposition qui réside dans la manière de considérer la mort entre « manants » et gentilshommes.

13. Une morale vous semble-t-elle se dégager de ce conte de Noël ? Justifiez votre réponse.

Le Saut du berger

De Dieppe au Havre, la côte présente une falaise ininterrompue, haute de cent mètres environ, et droite comme une muraille. De place en place, cette grande ligne de rochers blancs s'abaisse brusquement, et une
5 petite vallée étroite, aux pentes rapides couvertes de gazon ras et de joncs marins, descend du plateau cultivé vers une plage de galet où elle aboutit par un ravin semblable au lit d'un torrent. La nature a fait ces vallées, les pluies d'orage les ont terminées par ces ravins,
10 entaillant ce qui restait de falaise, creusant jusqu'à la mer le lit des eaux qui sert de passage aux hommes[1].

Quelquefois un village est blotti dans ces vallons, où s'engouffre le vent du large.

J'ai passé l'été dans une de ces échancrures de la
15 côte, logé chez un paysan, dont la maison, tournée vers les flots, me laissait voir de ma fenêtre un grand triangle d'eau bleue encadrée par les pentes vertes du val, et tachée parfois de voiles blanches passant au loin dans un coup de soleil.
20 Le chemin allant vers la mer suivait le fond de la gorge, et brusquement s'enfonçait entre deux parois de marne, devenait une sorte d'ornière profonde, avant de

---

1. *La nature … aux hommes* : il s'agit d'une « valleuse », typique du paysage normand, comme celles d'Yport ou de Vaucottes qui ont pu servir aussi de décor au roman *Une vie* (voir p. 25 et 241).

déboucher sur une belle nappe de cailloux roulés, arrondis et polis par la séculaire caresse des vagues.

25 Ce passage encaissé s'appelle le « Saut du Berger ».
Voici le drame qui l'a fait ainsi nommer :

On raconte qu'autrefois ce village était gouverné par un jeune prêtre austère et violent. Il était sorti du séminaire plein de haine pour ceux qui vivent selon les
30 lois naturelles et non suivant celles de son Dieu. D'une inflexible sévérité pour lui-même, il se montra pour les autres d'une implacable intolérance ; une chose surtout le soulevait de colère et de dégoût : l'amour. S'il eût vécu dans les villes, au milieu des civilisés et des raffinés
35 qui dissimulent derrière les voiles délicats du sentiment et de la tendresse, les actes brutaux que la nature commande, s'il eût confessé dans l'ombre des grandes nefs[1] élégantes les pécheresses parfumées dont les fautes semblent adoucies par la grâce de la chute et
40 l'enveloppement d'idéal autour du baiser matériel, il n'aurait pas senti peut-être ces révoltes folles, ces fureurs désordonnées qu'il avait en face de l'accouplement malpropre des loqueteux[2] dans la boue d'un fossé ou sur la paille d'une grange.
45 Il les assimilait aux brutes, ces gens-là qui ne connaissaient point l'amour, et qui s'unissaient seulement à la façon des animaux ; et il les haïssait pour la grossièreté de leur âme, pour le sale assouvissement de

---

1. *Nefs* : parties comprises entre le portail et le chœur des églises.
2. *Loqueteux* : personnes vêtues de haillons, déguenillées (adjectif et nom).

leur instinct, pour la gaieté répugnante des vieux lorsqu'ils
50 parlaient encore de ces immondes plaisirs.

Peut-être aussi était-il, malgré lui, torturé par l'angoisse
d'appétits inapaisés et sourdement travaillé par la lutte
de son corps révolté contre un esprit despotique et
chaste.

55 Mais tout ce qui touchait à la chair l'indignait, le
jetait hors de lui ; et ses sermons violents, pleins de
menaces et d'allusions furieuses, faisaient ricaner les
filles et les gars qui se coulaient des regards en dessous
à travers l'église ; tandis que les fermiers en blouse
60 bleue et les fermières en mante[1] noire se disaient au
sortir de la messe, en retournant vers la masure[2] dont
la cheminée jetait sur le ciel un filet de fumée bleue :
« I' ne plaisante pas là-dessus, mo'sieu le curé. »

Une fois même et pour rien il s'emporta jusqu'à
65 perdre la raison. Il allait voir une malade. Or, dès qu'il
eut pénétré dans la cour de la ferme, il aperçut un tas
d'enfants, ceux de la maison et ceux des voisins,
attroupés autour de la niche du chien. Ils regardaient
curieusement quelque chose, immobiles, avec une
70 attention concentrée et muette. Le prêtre s'approcha.
C'était la chienne qui mettait bas. Devant sa niche,
cinq petits grouillaient autour de la mère qui les léchait
avec tendresse, et, au moment où le curé allongeait sa
tête par-dessus celles des enfants, un sixième petit
75 toutou parut. Tous les galopins alors, saisis de joie, se

---

1. *Mante* : manteau de femme très simple, ample et sans manches.
2. *Masure* : en Normandie, enclos où se trouve la ferme. Par extension, petite maison misérable.

mirent à crier en battant des mains : « En v'là encore un, en v'là encore un ! » C'était un jeu pour eux, un jeu naturel où rien d'impur n'entrait ; ils contemplaient cette naissance comme ils auraient regardé tomber des
80 pommes. Mais l'homme à la robe noire fut crispé d'indignation, et la tête perdue, levant son grand parapluie bleu, il se mit à battre les enfants. Ils s'enfuirent à toutes jambes. Alors lui, se trouvant seul en face de la chienne en gésine[1], frappa sur elle à tour
85 de bras. Enchaînée elle ne pouvait s'enfuir, et comme elle se débattait en gémissant, il monta dessus, l'écrasant sous ses pieds, lui fit mettre au monde un dernier petit, et il l'acheva à coups de talon. Puis il laissa le corps saignant au milieu des nouveau-nés, piaulants et lourds,
90 qui cherchaient déjà les mamelles.

Il faisait de longues courses, solitairement, à grands pas, avec un air sauvage.

Or, comme il revenait d'une promenade éloignée, un soir du mois de mai, et qu'il suivait la falaise en
95 regagnant le village, un grain furieux l'assaillit. Aucune maison en vue, partout la côte nue que l'averse criblait de flèches d'eau.

La mer houleuse roulait ses écumes ; et les gros nuages sombres accouraient de l'horizon avec des
100 redoublements de pluie. Le vent sifflait, soufflait, couchait les jeunes récoltes, et secouait l'abbé ruisselant, collait à ses jambes la soutane traversée, emplissait de bruit ses oreilles et son cœur exalté de tumulte.

---

1. *En gésine :* en train d'accoucher.

Il se découvrit, tendant son front à l'orage, et peu à
105 peu il approchait de la descente sur le pays. Mais une
telle rafale l'atteignit qu'il ne pouvait plus avancer, et
soudain, il aperçut auprès d'un parc à moutons la hutte
ambulante d'un berger[1].

C'était un abri, il y courut.

110 Les chiens fouettés par l'ouragan ne remuèrent pas
à son approche ; et il parvint jusqu'à la cabane en bois,
sorte de niche perchée sur des roues, que les gardiens
de troupeaux traînent, pendant l'été, de pâturage en
pâturage.

115 Au-dessus d'un escabeau, la porte basse était ouverte,
laissant voir la paille du dedans.

Le prêtre allait entrer quand il aperçut dans l'ombre
un couple amoureux qui s'étreignait. Alors, brusquement,
il ferma l'auvent et l'accrocha ; puis, s'attelant aux
120 brancards, courbant sa taille maigre, tirant comme un
cheval, et haletant sous sa robe de drap trempée, il
courut, entraînant vers la pente rapide, la pente mortelle,
les jeunes gens surpris enlacés, qui heurtaient la cloison
du poing, croyant sans doute à quelque farce d'un
125 passant.

Lorsqu'il fut au haut de la descente, il lâcha la légère
demeure, qui se mit à rouler sur la côte inclinée.

Elle précipitait sa course, emportée follement, allant
toujours plus vite, sautant, trébuchant comme une bête,
130 battant la terre de ses brancards.

---

1. *Hutte ... berger :* cabane montée sur roues, fréquemment utilisée
au XIXe siècle. Voir le célèbre poème de Vigny : *la Maison du berger.*

Un vieux mendiant blotti dans un fossé la vit passer, d'un élan, sur sa tête et il entendit des cris affreux poussés dans le coffre de bois.

135 Tout à coup elle perdit une roue arrachée d'un choc, s'abattit sur le flanc, et se remit à dévaler comme une boule, comme une maison déracinée dégringolerait du sommet d'un mont, puis, arrivant au rebord du dernier ravin, elle bondit en décrivant une courbe et, tombant au fond, s'y creva comme un œuf.

140 On les ramassa l'un et l'autre, les amoureux, broyés, pilés, tous les membres rompus, mais étreints, toujours, les bras liés aux cous dans l'épouvante comme pour le plaisir.

Le curé refusa l'entrée de l'église à leurs cadavres et 145 sa bénédiction à leurs cercueils.

Et le dimanche, au prône[1], il parla avec emportement du septième commandement de Dieu[2], menaçant les amoureux d'un bras vengeur et mystérieux, et citant l'exemple terrible des deux malheureux tués dans leur 150 péché.

Comme il sortait de l'église, deux gendarmes l'arrêtèrent.

Un douanier gîté dans un trou de garde avait vu. Il fut condamné aux travaux forcés.

---

1. *Prône* : proclamation faite à la messe paroissiale, prêche.
2. *Le septième commandement de Dieu* : il s'agit en fait du neuvième commandement (Exode, xx, versets 14 à 17), « l'œuvre de chair ne désireras qu'en mariage seulement ».

155   Et le paysan dont je tiens cette histoire ajouta gravement : « Je l'ai connu, moi, monsieur. C'était un rude homme tout de même, mais il n'aimait pas la bagatelle[1]. »

Première publication dans le journal *Gil Blas,* 9 mars 1882. Repris dans le volume *le Père Milon,* en 1899.

---

1. *Bagatelle* : chose sans importance, frivolité. Signifie ici amour physique (registre de langue familier, voir p. 270).

Le Saut du berger

LES ÉLÉMENTS NATURELS

1. Où se déroule l'histoire ? Citez le texte.

2. Relevez et qualifiez les termes décrivant la nature. Quelle image Maupassant donne-t-il de la campagne ?

3. À quelles « lois naturelles » (l. 30) Maupassant fait-il allusion ?

4. Étudiez l'opposition entre la description de la vie citadine et celle de la vie du village.

LE RÉALISME PAYSAN

5. Quelle place le narrateur (voir p. 269) tient-il dans cette histoire ?

6. Comment juge-t-il les événements ? Citez le texte à l'appui de votre réponse.

7. Quelle est l'attitude des enfants à l'égard de la chienne ? Sont-ils plus ou moins « sauvages » que le prêtre ? Relevez les mots qui justifient votre réponse.

LE PRÊTRE

8. Par quelle périphrase (expression de plusieurs mots utilisée à la place d'un mot unique) le prêtre est-il désigné (l. 80) ? Pourquoi à votre avis ?

9. Quel est son caractère ? Comment expliquer celui-ci ?

10. Quelle est la valeur de l'adjectif possessif dans l'expression « son Dieu » (l. 30) ?

11. Quel regard Maupassant porte-t-il sur le clergé ? La religion est-elle directement visée dans ce texte ? Justifiez votre réponse.

12. Quand le crime a-t-il eu lieu ? Dans quelles circonstances ? Justifie-t-il le titre du récit ? Pourquoi ?

Histoire vraie

Un grand vent soufflait au-dehors, un vent d'automne mugissant et galopant, un de ces vents qui tuent les dernières feuilles et les emportent jusqu'aux nuages.

Les chasseurs achevaient leur dîner, encore bottés, rouges, animés, allumés. C'étaient de ces demi-seigneurs normands, mi-hobereaux [1], mi-paysans, riches et vigoureux, taillés pour casser les cornes des bœufs lorsqu'ils les arrêtent dans les foires.

Ils avaient chassé tout le jour sur les terres de maître Blondel, le maire d'Éparville, et ils mangeaient maintenant autour de la grande table, dans l'espèce de ferme-château dont était propriétaire leur hôte.

Ils parlaient comme on hurle, riaient comme rugissent les fauves, et buvaient comme des citernes, les jambes allongées, les coudes sur la nappe, les yeux luisants sous la flamme des lampes, chauffés par un foyer formidable qui jetait au plafond des lueurs sanglantes ; ils causaient de chasse et de chiens. Mais ils étaient, à l'heure où d'autres idées viennent aux hommes, à moitié gris, et tous suivaient de l'œil une forte fille aux joues rebondies qui portait au bout de ses poings rouges les larges plats chargés de nourritures.

Soudain un grand diable qui était devenu vétérinaire

---

1. *Hobereaux* : gentilhommes, nobles campagnards.

après avoir étudié pour être prêtre, et qui soignait toutes
25 les bêtes de l'arrondissement, M. Séjour, s'écria :
« Crébleu, maît' Blondel, vous avez là une bobonne qui
n'est pas piquée des vers. »

Et un rire retentissant éclata. Alors un vieux noble
déclassé, tombé dans l'alcool, M. de Varnetot, éleva la
30 voix : « C'est moi qui ai eu jadis une drôle d'histoire
avec une fillette comme ça ! Tenez, il faut que je vous
la raconte. Toutes les fois que j'y pense, ça me rappelle
Mirza, ma chienne, que j'avais vendue au comte
d'Haussonnel et qui revenait tous les jours, dès qu'on
35 la lâchait, tant elle ne pouvait me quitter. À la fin je
m' suis fâché et j'ai prié l' comte de la tenir à la chaîne.
Savez-vous c' qu'elle a fait c'te bête ? Elle est morte
de chagrin.

Mais, pour en revenir à ma bonne, v'là l'histoire.

40 J'avais alors vingt-cinq ans et je vivais en garçon[1],
dans mon château de Villebon. Vous savez, quand on
est jeune, et qu'on a des rentes, et qu'on s'embête tous
les soirs après dîner, on a l'œil de tous les côtés.

Bientôt je découvris une jeunesse[2] qui était en service
45 chez Déboultot, de Cauville. Vous avez bien connu
Déboultot, vous, Blondel ! Bref, elle m'enjôla si bien,
la gredine, que j'allai un jour trouver son maître et je
lui proposai une affaire. Il me céderait sa servante et
je lui vendrais ma jument noire, Cocote, dont il avait

---

1. *Garçon* : ici, célibataire.
2. *Une jeunesse* : ici, une jeune fille (registre familier, voir p. 270).

50 envie depuis bientôt deux ans. Il me tendit la main :
"Topez là, monsieur de Varnetot." C'était marché
conclu ; la petite vint au château et je conduisis moi-
même à Cauville ma jument, que je laissai pour trois
cents écus.

55 Dans les premiers temps, ça alla comme sur des
roulettes. Personne ne se doutait de rien ; seulement
Rose m'aimait un peu trop pour mon goût. C't'enfant-
là, voyez-vous, ce n'était pas n'importe qui. Elle devait
avoir quéqu' chose de pas commun dans les veines. Ça
60 venait encore de quéqu' fille qui aura fauté avec son
maître.

Bref, elle m'adorait. C'était des cajoleries, des mamours,
des p'tits noms de chien, un tas d' gentillesses à me
donner des réflexions.

65 Je me disais : "Faut pas qu' ça dure, ou je me
laisserai prendre !" Mais on ne me prend pas facilement,
moi. Je ne suis pas de ceux qu'on enjôle avec deux
baisers. Enfin j'avais l'œil ; quand elle m'annonça qu'elle
était grosse[1].

70 Pif ! pan ! c'est comme si on m'avait tiré deux coups
de fusil dans la poitrine. Et elle m'embrassait, elle
m'embrassait, elle riait, elle dansait, elle était folle,
quoi ! Je ne dis rien le premier jour ; mais, la nuit, je
me raisonnai. Je pensai : "Ça y est ; mais faut parer
75 le coup, et couper le fil, il n'est que temps." Vous
comprenez, j'avais mon père et ma mère à Barneville,

---

1. *Grosse :* ici, enceinte.

et ma sœur mariée au marquis d'Yspare, à Rollebec, à deux lieues de Villebon. Pas moyen de blaguer.

Mais comment me tirer d'affaire ? Si elle quittait la
80 maison, on se douterait de quelque chose et on jaserait. Si je la gardais, on verrait bientôt l' bouquet ; et puis, je ne pouvais la lâcher comme ça.

J'en parlai à mon oncle, le baron de Creteuil, un vieux lapin[1] qui en a connu plus d'une, et je lui
85 demandai un avis. Il me répondit tranquillement : "Il faut la marier, mon garçon."

Je fis un bond. "La marier, mon oncle, mais avec qui !"

Il haussa doucement les épaules : "Avec qui tu
90 voudras, c'est ton affaire et non la mienne. Quand on n'est pas bête on trouve toujours."

Je réfléchis bien huit jours à cette parole, et je finis par me dire à moi-même : "Il a raison, mon oncle."

Alors, je commençai à me creuser la tête et à
95 chercher ; quand un soir le juge de paix, avec qui je venais de dîner, me dit : "Le fils de la mère Paumelle vient encore de faire une bêtise ; il finira mal, ce garçon-là. Il est bien vrai que bon chien chasse de race."

Cette mère Paumelle était une vieille rusée dont la
100 jeunesse avait laissé à désirer. Pour un écu, elle aurait vendu certainement son âme, et son garnement de fils par-dessus le marché.

J'allai la trouver, et tout doucement, je lui fis comprendre la chose.

---

1. *Lapin* : homme à femmes (familier).

105 Comme je m'embarrassais dans mes explications, elle me demanda tout à coup : "Qué qu' vous lui donnerez, à c'te p'tite ?"

Elle était maligne, la vieille, mais moi, pas bête, j'avais préparé mon affaire.

110 Je possédais justement trois lopins de terre perdus auprès de Sasseville, qui dépendaient de mes trois fermes de Villebon. Les fermiers se plaignaient toujours que c'était loin ; bref, j'avais repris ces trois champs, six acres[1] en tout, et, comme mes paysans criaient, je
115 leur avais remis, pour jusqu'à la fin de chaque bail, toutes leurs redevances en volailles. De cette façon, la chose passa. Alors, ayant acheté un bout de côte à mon voisin M. d'Aumonté, je faisais construire une masure[2] dessus, le tout pour quinze cents francs. De la
120 sorte, je venais de constituer un petit bien qui ne me coûtait pas grand-chose, et je le donnais en dot à la fillette.

La vieille se récria : ce n'était pas assez ; mais je tins bon, et nous nous quittâmes sans rien conclure.

125 Le lendemain, dès l'aube, le gars vint me trouver. Je ne me rappelais guère sa figure. Quand je le vis, je me rassurai ; il n'était pas mal pour un paysan ; mais il avait l'air d'un rude coquin.

Il prit la chose de loin, comme s'il venait acheter
130 une vache. Quand nous fûmes d'accord, il voulut voir le bien ; et nous voilà partis à travers champs. Le gredin

---

1. Une acre est une ancienne mesure agraire valant environ 52 ares.
2. *Masure* : en Normandie, enclos où se trouve la ferme. Par extension, petite maison misérable.

me fit bien rester trois heures sur les terres ; il les
arpentait, les mesurait, en prenait des mottes qu'il
écrasait dans ses mains, comme s'il avait peur d'être
135 trompé sur la marchandise. La masure n'étant pas
encore couverte, il exigea de l'ardoise au lieu de chaume
parce que cela demande moins d'entretien !

Puis il me dit : "Mais l' mobilier, c'est vous qui le
donnez ?"

140 Je protestai : "Non pas ; c'est déjà beau de vous
donner une ferme."

Il ricana : "J' crai ben, une ferme et un éfant."

Je rougis malgré moi. Il reprit : "Allons, vous donnerez
l' lit, une table, l'ormoire, trois chaises et pi la vaisselle,
145 ou ben rien d' fait[1]."

J'y consentis.

Et nous voilà en route pour revenir. Il n'avait pas
encore dit un mot de la fille. Mais tout à coup, il
demanda d'un air sournois et gêné : "Mais, si a mourait,
150 à qui qu'il irait, çu bien ?"

Je répondis : "Mais à vous, naturellement."

C'était tout ce qu'il voulait savoir depuis le matin.
Aussitôt, il me tendit la main d'un mouvement satisfait.
Nous étions d'accord.

155 Oh ! par exemple, j'eus du mal pour décider Rose.
Elle se traînait à mes pieds, elle sanglotait, elle
répétait : "C'est vous qui me proposez ça ! c'est vous !
c'est vous !" Pendant plus d'une semaine, elle résista
malgré mes raisonnements et mes prières. C'est bête,

---

1. *Rien d' fait* : rien ne se fera ; notre affaire sera annulée.

52

160 les femmes ; une fois qu'elles ont l'amour en tête, elles
ne comprennent plus rien. Il n'y a pas de sagesse qui
tienne, l'amour avant tout, tout pour l'amour !

À la fin je me fâchai et la menaçai de la jeter dehors.
Alors elle céda peu à peu, à condition que je lui
165 permettrais de venir me voir de temps en temps.

Je la conduisis moi-même à l'autel, je payai la
cérémonie, j'offris à dîner à toute la noce. Je fis
grandement les choses, enfin. Puis : "Bonsoir mes
enfants !" J'allai passer six mois chez mon frère en
170 Touraine.

Quand je fus de retour, j'appris qu'elle était venue
chaque semaine au château me demander. Et j'étais à
peine arrivé depuis une heure que je la vis entrer avec
un marmot dans ses bras. Vous me croirez si vous
175 voulez, mais ça me fit quelque chose de voir ce mioche.
Je crois même que je l'embrassai.

Quant à la mère, une ruine, un squelette, une ombre.
Maigre, vieillie. Bigre de bigre, ça ne lui allait pas, le
mariage ! Je lui demandai machinalement : "Es-tu
180 heureuse ?"

Alors elle se mit à pleurer comme une source, avec
des hoquets, des sanglots, et elle criait : "Je n' peux
pas, je n' peux pas m' passer de vous maintenant.
J'aime mieux mourir, je n' peux pas !"

185 Elle faisait un bruit du diable. Je la consolai comme
je pus et je la reconduisis à la barrière.

J'appris en effet que son mari la battait ; et que sa
belle-mère lui rendait la vie dure, la vieille chouette.

Deux jours après elle revenait. Et elle me prit dans

190 ses bras, elle se traîna par terre : "Tuez-moi, mais je
n' veux pas retourner là-bas.''

Tout à fait ce qu'aurait dit Mirza si elle avait parlé !

Ça commençait à m'embêter, toutes ces histoires ;
et je filai pour six mois encore. Quand je revins...
195 Quand je revins, j'appris qu'elle était morte trois semaines
auparavant, après être revenue au château tous les
dimanches... toujours comme Mirza. L'enfant aussi était
mort huit jours après.

Quant au mari, le madré[1] coquin, il héritait. Il a bien
200 tourné depuis, paraît-il, il est maintenant conseiller
municipal. »

Puis, M. de Varnetot ajouta en riant : « C'est égal,
c'est moi qui ai fait sa fortune à celui-là ! »

Et M. Séjour, le vétérinaire, conclut gravement en
205 portant à sa bouche un verre d'eau-de-vie : « Tout ce
que vous voudrez, mais des femmes comme ça, il n'en
faut pas. »

Première publication dans le journal *le Gaulois,* 18 juin 1882.
Repris dans le volume *Contes du jour et de la nuit,* en 1885.

---

1. *Madré* : inventif et rusé, sous des allures bonhommes (adjectif et
nom).

Histoire vraie

LE RÉCIT

1. Où se déroule l'action ? En quelle saison ? Citez le texte.

2. Distinguez les différentes parties de ce texte et donnez un titre à chacune d'elles.

3. Quelles sont les conditions de la transaction entre la mère Paumelle et M. de Varnetot ?

4. Comment est décrite l'évolution du fils Paumelle ?

LES PERSONNAGES

5. D'après la description de l'auteur (l. 4 à 30), comment vous représentez-vous ces hommes rassemblés autour du dîner ?

6. À quelles catégories sociales appartiennent-ils ? Citez le texte à l'appui de votre réponse.

7. Relevez les détails montrant à quel point le jeune Paumelle est un homme de la terre (l. 129 à 151).

8. Définissez le caractère de M. de Varnetot. Son comportement diffère-t-il de celui du fils Paumelle ? Justifiez votre réponse.

LA PASSION FÉMININE

9. Relevez tous les termes empruntés au champ lexical (voir p. 267) des animaux (par exemple : « C'est bête, les femmes », l. 159 - 160).

10. Étudiez la comparaison entre l'attachement animal de Mirza (l. 32 à 38) et l'amour de Rose pour M. de Varnetot.

11. Quel est le métier de M. Séjour ? Pourquoi est-ce lui qui conclut le récit ?

12. De nos jours, cette histoire aurait-elle pu connaître une autre issue ? Justifiez votre réponse.

Repas de noces à Yport (détail).
Tableau d'Albert-Auguste Fourié (né en 1854).
Musée des Beaux-Arts, Rouen.

Farce normande

LA PROCESSION se déroulait dans le chemin creux ombragé par les grands arbres poussés sur les talus des fermes. Les jeunes mariés venaient d'abord, puis les parents, puis les invités, puis les pauvres du pays, et
5 les gamins qui tournaient autour du défilé, comme des mouches, passaient entre les rangs, grimpaient aux branches pour mieux voir.

Le marié était un beau gars, Jean Patu, le plus riche fermier du pays. C'était, avant tout, un chasseur
10 frénétique, qui perdait le bon sens à satisfaire cette passion, et dépensait de l'argent gros comme lui pour ses chiens, ses gardes, ses furets et ses fusils.

La mariée, Rosalie Roussel, avait été fort courtisée par tous les partis des environs, car on la trouvait
15 avenante, et on la savait bien dotée ; mais elle avait choisi Patu, peut-être parce qu'il lui plaisait mieux que les autres, mais plutôt encore, en Normande réfléchie, parce qu'il avait plus d'écus.

Lorsqu'ils tournèrent[1] la grande barrière de la ferme
20 maritale, quarante coups de fusil éclatèrent sans qu'on vît les tireurs cachés dans les fossés. À ce bruit, une grosse gaieté saisit les hommes qui gigotaient lourdement en leurs habits de fête ; et Patu, quittant sa femme,

---

1. *Tournèrent* : dépassèrent.

sauta sur un valet qu'il apercevait derrière un arbre,
25 empoigna son arme, et lâcha lui-même un coup de feu
en gambadant comme un poulain.

Puis on se remit en route sous les pommiers déjà
lourds de fruits, à travers l'herbe haute, au milieu des
veaux qui regardaient de leurs gros yeux, se levaient
30 lentement et restaient debout, le mufle tendu vers la
noce.

Les hommes redevenaient graves en approchant du
repas. Les uns, les riches, étaient coiffés de hauts
chapeaux de soie luisants, qui semblaient dépaysés en
35 ce lieu ; les autres portaient d'anciens couvre-chefs à
poils longs, qu'on aurait dits en peau de taupe ; les
plus humbles étaient couronnés de casquettes.

Toutes les femmes avaient des châles lâchés dans le
dos, et dont elles tenaient les bouts sur leurs bras avec
40 cérémonie. Ils étaient rouges, bigarrés[1], flamboyants, ces
châles ; et leur éclat semblait étonner les poules noires
sur le fumier, les canards au bord de la mare, et les
pigeons sur les toits de chaume.

Tout le vert de la campagne, le vert de l'herbe et
45 des arbres, semblait exaspéré au contact de cette pourpre[2]
ardente et les deux couleurs ainsi voisines devenaient
aveuglantes sous le feu du soleil de midi.

La grande ferme paraissait attendre là-bas, au bout
de la voûte des pommiers. Une sorte de fumée sortait

---

1. *Bigarrés :* de différentes couleurs.
2. *Pourpre :* couleur rouge foncé. On emploierait aujourd'hui ce mot
au masculin.

50 de la porte et des fenêtres ouvertes, et une odeur épaisse
de mangeaille s'exhalait du vaste bâtiment, de toutes
ses ouvertures, des murs eux-mêmes.

Comme un serpent, la suite des invités s'allongeait
à travers la cour. Les premiers, atteignant la maison,
55 brisaient la chaîne, s'éparpillaient, tandis que là-bas il
en entrait toujours par la barrière ouverte. Les fossés
maintenant étaient garnis de gamins et de pauvres,
curieux ; et les coups de fusil ne cessaient pas, éclatant
de tous les côtés à la fois, mêlant à l'air une buée de
60 poudre et cette odeur qui grise comme de l'absinthe.

Devant la porte, les femmes tapaient sur leurs robes
pour en faire tomber la poussière, dénouaient les
oriflammes[1] qui servaient de rubans à leurs chapeaux,
défaisaient leurs châles et les posaient sur leurs bras,
65 puis entraient dans la maison pour se débarrasser
définitivement de ces ornements.

La table était mise dans la grande cuisine, qui pouvait
contenir cent personnes.

On s'assit à deux heures. À huit heures on mangeait
70 encore. Les hommes déboutonnés, en bras de chemise,
la face rougie, engloutissaient comme des gouffres. Le
cidre jaune luisait, joyeux, clair et doré, dans les grands
verres, à côté du vin coloré, du vin sombre, couleur de
sang.

75 Entre chaque plat on faisait un trou, le trou normand,
avec un verre d'eau-de-vie qui jetait du feu dans les
corps et de la folie dans les têtes.

---

1. *Oriflammes* : bandes de tissu d'apparat, bannières.

De temps en temps, un convive plein comme une barrique, sortait jusqu'aux arbres prochains, se soulageait,
80 puis rentrait avec une faim nouvelle aux dents.

Les fermières, écarlates, oppressées, les corsages tendus comme des ballons, coupées en deux par le corset, gonflées du haut et du bas, restaient à table par pudeur. Mais une d'elles, plus gênée, étant sortie, toutes alors
85 se levèrent à la suite. Elles revenaient plus joyeuses, prêtes à rire. Et les lourdes plaisanteries commencèrent.

C'étaient des bordées[1] d'obscénités lâchées à travers la table, et toutes sur la nuit nuptiale. L'arsenal de l'esprit paysan fut vidé. Depuis cent ans, les mêmes
90 grivoiseries servaient aux mêmes occasions, et, bien que chacun les connût, elles portaient encore, faisaient partir en un rire retentissant les deux enfilées[2] de convives.

Un vieux à cheveux gris appelait : « Les voyageurs pour Mézidon en voiture. » Et c'étaient des hurlements
95 de gaieté.

Tout au bout de la table, quatre gars, des voisins, préparaient des farces aux mariés, et ils semblaient en tenir une bonne, tant ils trépignaient en chuchotant.

L'un d'eux, soudain profitant d'un moment de calme,
100 cria : « C'est les braconniers qui vont s'en donner c'te nuit, avec la lune qu'y a !... Dis donc, Jean, c'est pas c'te lune-là qu'tu guetteras, toi ? »

Le marié, brusquement, se tourna : « Qu'i z'y viennent, les braconniers ! »

---

1. *Bordées :* grandes quantités (populaire).
2. *Enfilées :* rangées.

105   Mais l'autre se mit à rire : « Ah ! i peuvent y
venir ; tu quitteras pas ta besogne pour ça ! »

    Toute la tablée fut secouée par la joie. Le sol en
trembla, les verres vibrèrent.

    Mais le marié, à l'idée qu'on pouvait profiter de sa
110 noce pour braconner chez lui devint furieux : « J'te dis
qu'ça : qu'i z'y viennent ! »

    Alors ce fut une pluie de polissonneries à double
sens qui faisaient un peu rougir la mariée, toute
frémissante d'attente.

115   Puis, quand on eut bu des barils d'eau-de-vie, chacun
partit se coucher ; et les jeunes époux entrèrent en leur
chambre, située au rez-de-chaussée, comme toutes les
chambres de ferme ; et, comme il y faisait un peu
chaud, ils ouvrirent la fenêtre et fermèrent l'auvent.

120 Une petite lampe de mauvais goût, cadeau du père de
la femme, brûlait sur la commode ; et le lit était prêt
à recevoir le couple nouveau, qui ne mettait point à
son premier embrassement tout le cérémonial des
bourgeois dans les villes.

125   Déjà la jeune femme avait enlevé sa coiffure et sa
robe, et elle demeurait en jupon, délaçant ses bottines,
tandis que Jean achevait un cigare, en regardant de coin
sa compagne.

    Il la guettait d'un œil luisant, plus sensuel que
130 tendre ; car il la désirait plutôt qu'il ne l'aimait ; et,
soudain, d'un mouvement brusque, comme un homme
qui va se mettre à l'ouvrage, il enleva son habit.

    Elle avait défait ses bottines, et maintenant elle retirait
ses bas, puis elle lui dit, le tutoyant depuis l'enfance :
135 « Va te cacher là-bas, derrière les rideaux, que j'me
mette au lit. »

Il fit mine de refuser, puis il y alla d'un air sournois, et se dissimula, sauf la tête. Elle riait, voulait envelopper ses yeux, et ils jouaient d'une façon amoureuse et gaie, 140 sans pudeur apprise et sans gêne.

Pour finir il céda ; alors, en une seconde, elle dénoua son dernier jupon, qui glissa le long de ses jambes, tomba autour de ses pieds et s'aplatit en rond par terre. Elle l'y laissa, l'enjamba, nue sous la chemise flottante 145 et elle se glissa dans le lit, dont les ressorts chantèrent sous son poids.

Aussitôt il arriva, déchaussé lui-même, en pantalon, et il se courbait vers sa femme, cherchant ses lèvres qu'elle cachait dans l'oreiller, quand un coup de feu 150 retentit au loin, dans la direction du bois des Râpées, lui sembla-t-il.

Il se redressa inquiet, le cœur crispé, et, courant à la fenêtre, il décrocha l'auvent.

La pleine lune baignait la cour d'une lumière jaune. 155 L'ombre des pommiers faisait des taches sombres à leur pied ; et, au loin, la campagne, couverte de moissons mûres, luisait.

Comme Jean s'était penché au-dehors, épiant toutes les rumeurs de la nuit, deux bras nus vinrent se nouer 160 sous son cou, et sa femme, le tirant en arrière, murmura : « Laisse donc, qu'est-ce que ça fait, viens-t'en. »

Il se retourna, la saisit, l'étreignit, la palpant sous la toile légère ; et l'enlevant dans ses bras robustes, il 165 l'emporta vers leur couche.

Au moment où il la posait sur le lit, qui plia sous le poids, une nouvelle détonation, plus proche celle-là, retentit.

Alors Jean, secoué d'une colère tumultueuse, jura :
170 « Nom de D... ! ils croient que je ne sortirai pas à
cause de toi ?... Attends, attends ! » Il se chaussa,
décrocha son fusil toujours pendu à portée de sa main,
et, comme sa femme se traînait à ses genoux et le
suppliait, éperdue, il se dégagea vivement, courut à la
175 fenêtre et sauta dans la cour.

Elle attendit une heure, deux heures, jusqu'au jour.
Son mari ne rentra pas. Alors elle perdit la tête, appela,
raconta la fureur de Jean et sa course après les
braconniers.

180 Aussitôt les valets, les charretiers, les gars partirent à
la recherche du maître.

On le retrouva à deux lieues de la ferme, ficelé des
pieds à la tête, à moitié mort de fureur, son fusil tordu,
sa culotte à l'envers, avec trois lièvres trépassés autour
185 du cou et une pancarte sur la poitrine : « Qui va à la
chasse, perd sa place. »

Et, plus tard, quand il racontait cette nuit d'épousailles,
il ajoutait : « Oh ! pour une farce ! c'était une bonne
farce. Ils m'ont pris dans un collet comme un lapin,
190 les salauds, et ils m'ont caché la tête dans un sac. Mais
si je les tâte un jour, gare à eux ! »

Et voilà comment on s'amuse, les jours de noce, au
pays normand.

Première publication
dans le journal *le Gaulois,* 8 août 1882.
Repris dans le volume *Contes de la bécasse,* en 1883.

Farce normande

UNE NOCE CAMPAGNARDE

1. La fin du xixᵉ siècle a vu l'épanouissement de l'impressionnisme avec les tableaux de Renoir, Monet, Manet, etc., auxquels Maupassant a été sensible. Quelles sont les couleurs qu'il utilise pour décrire la campagne et la noce ? Que symbolisent-elles ?

2. Quels sont les animaux évoqués ? Quel rôle jouent-ils dans le récit ?

3. Dans quel ordre les personnages apparaissent-ils ? Pourquoi à votre avis ?

4. Relevez et commentez les comparaisons et les métaphores (images) qui servent à décrire la noce.

L'INSPIRATION LIBERTINE

5. Relevez et étudiez tous les stéréotypes, ou clichés, du repas de mariage. Qu'est-ce qu'un « trou normand » ?

6. Expliquez la pudeur des femmes par rapport à l'attitude des hommes.

7. Quelle est l'importance des plaisanteries grivoises pour un repas de noce ? Pourquoi Maupassant insiste-t-il sur ce point ?

8. Que représente la chasse pour Jean Patu ? Relevez les expressions qui justifient votre réponse.

LA FARCE

9. Quels sont les différents sens du mot « farce » ? Aidez-vous, si besoin est, d'un dictionnaire.

10. Classez dans un tableau les diverses variétés de distractions que la nouvelle met en scène.

11. Relisez les lignes 182 à 191. Comment les mots écrits sur la pancarte peuvent-ils s'interpréter ?

Pierrot

MADAME LEFÈVRE était une dame de campagne, une veuve, une de ces demi-paysannes à rubans et à chapeaux falbalas[1], de ces personnes qui parlent avec des cuirs[2], prennent en public des airs grandioses, et cachent une
5 âme de brute prétentieuse sous des dehors comiques et chamarrés[3], comme elles dissimulent leurs grosses mains rouges sous des gants de soie écrue.

Elle avait pour servante une brave campagnarde toute simple, nommée Rose.

10 Les deux femmes habitaient une petite maison à volets verts, le long d'une route, en Normandie, au centre du pays de Caux.

Comme elles possédaient, devant l'habitation, un étroit jardin, elles cultivaient quelques légumes.

15 Or, une nuit, on lui vola une douzaine d'oignons.

Dès que Rose s'aperçut du larcin, elle courut prévenir Madame, qui descendit en jupe de laine. Ce fut une désolation et une terreur. On avait volé, volé Mme Lefèvre ! Donc, on volait dans le pays, puis on
20 pouvait revenir.

---

1. *Falbalas* : ornements en tissu froncé, dont l'aspect surchargé est une preuve de mauvais goût.
2. *Qui parlent avec des cuirs* : qui font des fautes de liaison ou de prononciation.
3. *Des dehors ... chamarrés* : des apparences drôles et pleines de civilités.

Et les deux femmes effarées contemplaient les traces de pas, bavardaient, supposaient des choses : « Tenez, ils ont passé par là. Ils ont mis leurs pieds sur le mur ; ils ont sauté dans la plate-bande. »

25 Et elles s'épouvantaient pour l'avenir. Comment dormir tranquilles maintenant !

Le bruit du vol se répandit. Les voisins arrivèrent, constatèrent, discutèrent à leur tour ; et les deux femmes expliquaient à chaque nouveau venu leurs observations 30 et leurs idées.

Un fermier d'à côté leur offrit ce conseil : « Vous devriez avoir un chien. »

C'était vrai, cela ; elles devraient avoir un chien, quand ce ne serait que pour donner l'éveil. Pas un gros 35 chien, Seigneur ! Que feraient-elles d'un gros chien ! Il les ruinerait en nourriture. Mais un petit chien (en Normandie, on prononce *quin*), un petit freluquet[1] de *quin* qui jappe.

Dès que tout le monde fut parti, Mme Lefèvre discuta 40 longtemps cette idée de chien. Elle faisait, après réflexion, mille objections, terrifiée par l'image d'une jatte pleine de pâtée ; car elle était de cette race parcimonieuse[2] de dames campagnardes qui portent toujours des centimes dans leur poche pour faire l'aumône ostensiblement[3] 45 aux pauvres des chemins, et donner aux quêtes du dimanche.

Rose, qui aimait les bêtes, apporta ses raisons et les

---

1. *Freluquet* : homme d'apparence chétive.
2. *Parcimonieuse* : avare.
3. *Ostensiblement* : de façon à être vues.

défendit avec astuce. Donc il fut décidé qu'on aurait un chien, un tout petit chien.

50 On se mit à sa recherche, mais on n'en trouvait que des grands, des avaleurs de soupe à faire frémir. L'épicier de Rolleville en avait bien un, un tout petit ; mais il exigeait qu'on le lui payât deux francs, pour couvrir ses frais d'élevage. Mme Lefèvre déclara qu'elle voulait bien 55 nourrir un *quin,* mais qu'elle n'en achèterait pas.

Or, le boulanger, qui savait les événements, apporta, un matin, dans sa voiture, un étrange petit animal tout jaune, presque sans pattes, avec un corps de crocodile, une tête de renard et une queue en trompette, un vrai 60 panache, grand comme tout le reste de sa personne. Un client cherchait à s'en défaire. Mme Lefèvre trouva fort beau ce roquet immonde, qui ne coûtait rien. Rose l'embrassa, puis demanda comment on le nommait. Le boulanger répondit : « Pierrot. »

65 Il fut installé dans une vieille caisse à savon et on lui offrit d'abord de l'eau à boire. Il but. On lui présenta ensuite un morceau de pain. Il mangea. Mme Lefèvre, inquiète, eut une idée : « Quand il sera bien accoutumé à la maison, on le laissera libre. Il trouvera à manger 70 en rôdant par le pays. »

On le laissa libre, en effet, ce qui ne l'empêcha point d'être affamé. Il ne jappait d'ailleurs que pour réclamer sa pitance ; mais, dans ce cas, il jappait avec acharnement.

Tout le monde pouvait entrer dans le jardin. Pierrot 75 allait caresser chaque nouveau venu, et demeurait absolument muet.

Mme Lefèvre cependant s'était accoutumée à cette bête. Elle en arrivait même à l'aimer, et à lui donner

de sa main, de temps en temps, des bouchées de pain
80 trempées dans la sauce de son fricot[1].

Mais elle n'avait nullement songé à l'impôt[2], et quand
on lui réclama huit francs — huit francs, madame ! —
pour ce freluquet de *quin* qui ne jappait seulement
point, elle faillit s'évanouir de saisissement.

85 Il fut immédiatement décidé qu'on se débarrasserait
de Pierrot. Personne n'en voulut. Tous les habitants le
refusèrent à dix lieues aux environs. Alors on se résolut,
faute d'autre moyen, à lui faire « piquer du mas ».

« Piquer du mas », c'est « manger de la marne[3] ».
90 On fait piquer du mas à tous les chiens dont on veut
se débarrasser.

Au milieu d'une vaste plaine, on aperçoit une espèce
de hutte, ou plutôt un tout petit toit de chaume, posé
sur le sol. C'est l'entrée de la marnière. Un grand puits
95 tout droit s'enfonce jusqu'à vingt mètres sous terre,
pour aboutir à une série de longues galeries de mines.

On descend une fois par an dans cette carrière, à
l'époque où l'on marne[4] les terres. Tout le reste du
temps, elle sert de cimetière aux chiens condamnés ; et
100 souvent, quand on passe auprès de l'orifice, des
hurlements plaintifs, des aboiements furieux ou
désespérés, des appels lamentables montent jusqu'à vous.

Les chiens des chasseurs et des bergers s'enfuient

---

1. *Fricot* : ragoût préparé grossièrement.
2. *L'impôt* : il s'agit d'une taxe, très impopulaire, qui frappait depuis
1855 les propriétaires de chien.
3. *Marne* : roche argileuse.
4. *On marne* : on améliore un sol pauvre en calcaire par l'adjonction
de marne.

avec épouvante des abords de ce trou gémissant ;
105 et, quand on se penche au-dessus, il sort de là une
abominable odeur de pourriture.

Des drames affreux s'y accomplissent dans l'ombre.

Quand une bête agonise depuis dix à douze jours
dans le fond, nourrie par les restes immondes de ses
110 devanciers, un nouvel animal, plus gros, plus vigoureux
certainement, est précipité tout à coup. Ils sont là, seuls,
affamés, les yeux luisants. Ils se guettent, se suivent,
hésitent, anxieux. Mais la faim les presse : ils s'attaquent,
luttent longtemps, acharnés ; et le plus fort mange le
115 plus faible, le dévore vivant.

Quand il fut décidé qu'on ferait « piquer du mas »
à Pierrot, on s'enquit d'un exécuteur. Le cantonnier qui
binait la route demanda dix sous pour la course. Cela
parut follement exagéré à Mme Lefèvre. Le goujat[1] du
120 voisin se contentait de cinq sous ; c'était trop encore ;
et, Rose ayant fait observer qu'il valait mieux qu'elles
le portassent elles-mêmes, parce qu'ainsi il ne serait pas
brutalisé en route et averti de son sort, il fut résolu
qu'elles iraient toutes les deux à la nuit tombante.

125 On lui offrit, ce soir-là, une bonne soupe avec un
doigt de beurre. Il l'avala jusqu'à la dernière goutte ;
et, comme il remuait la queue de contentement, Rose
le prit dans son tablier.

Elles allaient à grands pas, comme des maraudeuses[2],
130 à travers la plaine. Bientôt elles aperçurent la marnière

---

1. *Goujat* : ici, apprenti maçon.
2. *Maraudeuses* : voleuses de denrées alimentaires (récoltes, fruits sur pied, etc.).

et l'atteignirent ; Mme Lefèvre se pencha pour écouter
si aucune bête ne gémissait. — Non — il n'y en avait
pas ; Pierrot serait seul. Alors Rose qui pleurait,
l'embrassa, puis le lança dans le trou ; et elles se
135 penchèrent toutes deux, l'oreille tendue.

Elles entendirent d'abord un bruit sourd ; puis la
plainte aiguë, déchirante, d'une bête blessée, puis une
succession de petits cris de douleur, puis des appels
désespérés, des supplications de chien qui implorait, la
140 tête levée vers l'ouverture.

Il jappait, oh ! il jappait !

Elles furent saisies de remords, d'épouvante, d'une
peur folle et inexplicable ; et elles se sauvèrent en
courant. Et, comme Rose allait plus vite, Mme Lefèvre
145 criait : « Attendez-moi, Rose, attendez-moi ! »

Leur nuit fut hantée de cauchemars épouvantables.

Mme Lefèvre rêva qu'elle s'asseyait à table pour
manger la soupe, mais, quand elle découvrait la soupière,
Pierrot était dedans. Il s'élançait et la mordait au nez.

150 Elle se réveilla et crut l'entendre japper encore. Elle
écouta ; elle s'était trompée.

Elle s'endormit de nouveau et se trouva sur une
grande route, une route interminable, qu'elle suivait.
Tout à coup, au milieu du chemin, elle aperçut un
155 panier, un grand panier de fermier, abandonné ; et ce
panier lui faisait peur.

Elle finissait cependant par l'ouvrir, et Pierrot, blotti
dedans, lui saisissait la main, ne la lâchait plus ; et elle
se sauvait éperdue, portant ainsi au bout du bras le
160 chien suspendu, la gueule serrée.

Au petit jour, elle se leva, presque folle, et courut à
la marnière.

Il jappait ; il jappait encore, il avait jappé toute la nuit. Elle se mit à sangloter et l'appela avec mille petits noms caressants. Il répondit avec toutes les inflexions tendres de sa voix de chien.

Alors elle voulut le revoir, se promettant de le rendre heureux jusqu'à sa mort.

Elle courut chez le puisatier chargé de l'extraction de la marne, et elle lui raconta son cas. L'homme écoutait sans rien dire. Quand elle eut fini, il prononça : « Vous voulez votre *quin* ? Ce sera quatre francs. »

Elle eut un sursaut ; toute sa douleur s'envola du coup.

« Quatre francs ! vous vous en feriez mourir ! quatre francs ! »

Il répondit : « Vous croyez que j' vas apporter mes cordes, mes manivelles, et monter tout ça, et m' n'aller là-bas avec mon garçon et m' faire mordre encore par votre maudit *quin*, pour l' plaisir de vous le r'donner ? fallait pas l' jeter. »

Elle s'en alla, indignée. — Quatre francs !

Aussitôt rentrée, elle appela Rose et lui dit les prétentions du puisatier. Rose, toujours résignée, répétait : « Quatre francs ! c'est de l'argent, Madame. »

Puis, elle ajouta : « Si on lui jetait à manger, à ce pauvre quin, pour qu'il ne meure pas comme ça ? »

Mme Lefèvre approuva, toute joyeuse ; et les voilà reparties, avec un gros morceau de pain beurré.

Elles le coupèrent par bouchées qu'elles lançaient l'une après l'autre, parlant tour à tour à Pierrot. Et sitôt que le chien avait achevé un morceau, il jappait pour réclamer le suivant.

195 Elles revinrent le soir, puis le lendemain, tous les jours. Mais elles ne faisaient plus qu'un voyage.

Or, un matin, au moment de laisser tomber la première bouchée, elles entendirent tout à coup un aboiement formidable dans le puits. Ils étaient deux ! On avait précipité un autre chien, un gros !

200 Rose cria : « Pierrot ! » Et Pierrot jappa, jappa. Alors on se mit à jeter la nourriture ; mais, chaque fois elles distinguaient parfaitement une bousculade terrible, puis les cris plaintifs de Pierrot mordu par son compagnon, qui mangeait tout, étant le plus fort.

205 Elles avaient beau spécifier : « C'est pour toi, Pierrot ! » Pierrot, évidemment, n'avait rien.

Les deux femmes interdites, se regardaient ; et Mme Lefèvre prononça d'un ton aigre : « Je ne peux pourtant pas nourrir tous les chiens qu'on jettera là-
210 dedans. Il faut y renoncer. »

Et, suffoquée à l'idée de tous ces chiens vivant à ses dépens, elle s'en alla, emportant même ce qui restait du pain qu'elle se mit à manger en marchant.

Rose la suivit en s'essuyant les yeux du coin de son
215 tablier bleu.

Première publication
dans le journal *le Gaulois,* 9 octobre 1882.
Repris dans le volume *Contes de la bécasse,* en 1883.

Pierrot

UNE DEMI-PAYSANNE, SA SERVANTE ET UN TOUT PETIT CHIEN

1. Quels sont les principaux personnages en présence ?

2. Comment et où Mme Lefèvre est-elle décrite ? Quel est son caractère ?

3. Comparez son portrait avec celui de Rose.

4. Qui a l'initiative de l'action ?

5. Les animaux peuvent-ils être considérés ici comme des personnages ? Justifiez votre réponse à l'aide d'exemples tirés du texte.

6. Le titre correspond-il au contenu de la nouvelle ? Pourquoi ?

LA MARNIÈRE

7. Quel est le temps employé pour la description dans les lignes 92 à 115 ?

8. Relevez les expressions et les figures de style utilisées pour peindre la marnière.

9. Quels adjectifs qualifient les chiens dans ce texte ? Citez-les et commentez-les.

10. Quels verbes sont employés pour donner l'image de la lutte pour la vie ? Pourquoi ces choix à votre avis ?

UN DRAME AFFREUX

11. Quelles sont les différentes étapes du récit ?

12. De quoi les animaux souffrent-ils tour à tour ?

13. Cette histoire vous paraît-elle particulièrement cruelle ? Pourquoi ?

14. Que dénote l'attitude de Mme Lefèvre et de Rose dans les deux derniers paragraphes ?

Le port de Rouen en 1878.
Détail d'un tableau de Torello Ancilloti (1843-1899).
Musée des Beaux-Arts, Rouen.

Un Normand

Nous venions de sortir de Rouen et nous suivions au grand trot la route de Jumièges. La légère voiture filait, traversant les prairies ; puis le cheval se mit au pas pour monter la côte de Canteleu.

5 C'est là un des horizons les plus magnifiques qui soient au monde. Derrière nous Rouen, la ville aux églises, aux clochers gothiques, travaillés comme des bibelots[1] d'ivoire ; en face, Saint-Sever, le faubourg aux manufactures, qui dresse ses mille cheminées fumantes 10 sur le grand ciel vis-à-vis des mille clochetons sacrés de la vieille cité.

Ici la flèche de la cathédrale, le plus haut sommet des monuments humains ; et là-bas, la « Pompe à feu » de la « Foudre », sa rivale presque aussi démesurée, et 15 qui passe d'un mètre la plus géante des pyramides d'Égypte[2].

Devant nous la Seine se déroulait, ondulante, semée d'îles, bordée à droite de blanches falaises que couronnait une forêt, à gauche de prairies immenses qu'une autre 20 forêt limitait, là-bas, tout là-bas.

De place en place, des grands navires à l'ancre le long des berges du large fleuve. Trois énormes vapeurs

---

1. *Bibelots :* petits objets décoratifs.
2. *La « Pompe à feu » ... Égypte :* cheminée d'usine due au développement encore récent de la machine à vapeur. La flèche de la cathédrale de Rouen est haute de 156 mètres.

s'en allaient, à la queue leu leu, vers Le Havre ; et un
chapelet de bâtiments, formé d'un trois-mâts, de deux
25 goélettes et d'un brick[1], remontait vers Rouen, traîné
par un petit remorqueur vomissant un nuage de fumée
noire.

Mon compagnon, né dans le pays, ne regardait même
point ce surprenant paysage ; mais il souriait sans
30 cesse ; il semblait rire en lui-même. Tout à coup, il
éclata : « Ah ! vous allez voir quelque chose de drôle ;
la chapelle au père Mathieu. Ça, c'est du nanan[2], mon
bon. »

Je le regardai d'un œil étonné. Il reprit : « Je vais
35 vous faire sentir un fumet[3] de Normandie qui vous
restera dans le nez. Le père Mathieu est le plus beau
Normand de la province, et sa chapelle une des
merveilles du monde, ni plus ni moins ; mais je vais
vous donner d'abord quelques mots d'explication.

40 Le père Mathieu, qu'on appelle aussi le père ''La
Boisson'', est un ancien sergent-major revenu dans son
village natal. Il unit en des proportions admirables pour
faire un ensemble parfait la blague du vieux soldat à
la malice finaude du Normand. De retour au pays, il
45 est devenu, grâce à des protections multiples et à des
habiletés invraisemblables, gardien d'une chapelle
miraculeuse, une chapelle protégée par la Vierge et
fréquentée principalement par les filles enceintes. Il a

---

1. *Brick* : voilier à deux mâts.
2. *Nanan* : toute chose exquise (registre familier, voir p. 270).
3. *Fumet* : odeur agréable (ici, l'emploi est imagé).

baptisé sa statue merveilleuse : "Notre-Dame du Gros-
50 Ventre", et il la traite avec une certaine familiarité
goguenarde qui n'exclut point le respect. Il a composé
lui-même et fait imprimer une prière spéciale pour sa
BONNE VIERGE. Cette prière est un chef-d'œuvre d'ironie[1]
involontaire, d'esprit normand où la raillerie se mêle à
55 la peur du SAINT, à la peur superstitieuse de l'influence
secrète de quelque chose. Il ne croit pas beaucoup à sa
patronne[2] ; cependant il y croit un peu, par prudence,
et il la ménage, par politique.

Voici le début de cette étonnante oraison[3] : "Notre
60 bonne madame la Vierge Marie, patronne naturelle des
filles mères en ce pays et par toute la terre, protégez
votre servante qui a fauté dans un moment d'oubli."

....

Cette supplique se termine ainsi : "Ne m'oubliez pas
surtout auprès de votre saint Époux et intercédez auprès
65 de Dieu le Père, pour qu'il m'accorde un bon mari
semblable au vôtre."

Cette prière, interdite par le clergé de la contrée, est
vendue par lui sous le manteau[4], et passe pour salutaire
à celles qui la récitent avec onction[5].

70 En somme, il parle de la bonne Vierge, comme faisait
de son maître le valet de chambre d'un prince redouté,
confident de tous les petits secrets intimes. Il sait sur

---

1. *Ironie* : moquerie, raillerie.
2. *Patronne* : sainte protectrice.
3. *Oraison* : prière.
4. *Sous le manteau* : en cachette.
5. *Onction* : piété.

son compte une foule d'histoires amusantes, qu'il dit
tout bas, entre amis, après boire.

75   Mais vous verrez par vous-même.

Comme les revenus fournis par la Patronne ne lui
semblaient point suffisants, il a annexé à la Vierge
principale un petit commerce de Saints. Il les tient tous
ou presque tous. La place manquant dans la chapelle,
80 il les a emmagasinés au bûcher[1], d'où il les sort sitôt
qu'un fidèle les demande. Il a façonné lui-même ces
statuettes de bois, invraisemblablement comiques, et les
a peintes toutes en vert à pleine couleur, une année
qu'on badigeonnait sa maison. Vous savez que les Saints
85 guérissent les maladies ; mais chacun a sa spécialité ;
et il ne faut pas commettre de confusion ni d'erreurs.
Ils sont jaloux les uns des autres comme des cabotins[2].

Pour ne pas se tromper, les vieilles bonnes femmes
viennent consulter Mathieu.

90   ''Pour les maux d'oreilles, qué saint qu'est
l'meilleur ?

— Mais y a saint Osyme qu'est bon ; y a aussi saint
Pamphile qu'est pas mauvais.''

Ce n'est pas tout.

95   Comme Mathieu a du temps de reste, il boit ; mais
il boit en artiste, en convaincu, si bien qu'il est gris
régulièrement tous les soirs. Il est gris, mais il le sait ;
il le sait si bien qu'il note, chaque jour, le degré exact
de son ivresse. C'est là sa principale occupation ; la
100 chapelle ne vient qu'après.

---

1. *Bûcher* : lieu où l'on empile le bois à brûler.
2. *Cabotins* : acteurs médiocres qui ont une haute opinion d'eux-mêmes.

Et il a inventé, écoutez bien et cramponnez-vous, il a inventé le saoulomètre.

L'instrument n'existe pas, mais les observations de Mathieu sont aussi précises que celles d'un
105 mathématicien.

Vous l'entendez dire sans cesse : "D'puis lundi, j'ai passé quarante-cinq."

Ou bien : "J'étais entre cinquante-deux et cinquante-huit."

110 Ou bien : "J'en avais bien soixante-six à soixante-dix."

Ou bien : "Cré coquin, je m'croyais dans les cinquante, v'là que j'm'aperçois qu'j'étais dans les soixante-quinze !"

115 Jamais il ne se trompe.

Il affirme n'avoir pas atteint le mètre, mais comme il avoue que ses observations cessent d'être précises quand il a passé quatre-vingt-dix, on ne peut se fier absolument à son affirmation.

120 Quand Mathieu reconnaît avoir passé quatre-vingt-dix, soyez tranquille, il était crânement gris.

Dans ces occasions-là, sa femme, Mélie, une autre merveille, se met en des colères folles. Elle l'attend sur sa porte, quand il rentre, et elle hurle : "Te voilà,
125 salaud, cochon, bougre d'ivrogne !"

Alors Mathieu, qui ne rit plus, se campe en face d'elle, et, d'un ton sévère : "Tais-toi, Mélie, c'est pas le moment de causer. Attends à d'main."

Si elle continue à vociférer[1], il s'approche et, la voix

---

1. *Vociférer* : hurler avec colère.

130 tremblante : "Gueule plus ; j'suis dans les quatre-vingt-
dix ; je n'mesure plus ; j'vas cogner, prends garde !"

Alors, Mélie bat en retraite.

Si elle veut, le lendemain, revenir sur ce sujet, il lui
rit au nez et répond : "Allons, allons ! assez causé ;
135 c'est passé. Tant qu'j'aurai pas atteint le mètre, y a pas
de mal. Mais, si j'passe le mètre, j'te permets de
m'corriger, ma parole !" »

Nous avions gagné le sommet de la côte. La route
s'enfonçait dans l'admirable forêt de Roumare.
140 L'automne, l'automne merveilleux, mêlait son or et
sa pourpre[1] aux dernières verdures restées vives, comme
si des gouttes de soleil fondu avaient coulé du ciel dans
l'épaisseur des bois.

On traversa Duclair, puis, au lieu de continuer sur
145 Jumièges, mon ami tourna vers la gauche, et, prenant
un chemin de traverse, s'enfonça dans le taillis.

Et bientôt, du sommet d'une grande côte nous
découvrions de nouveau la magnifique vallée de la Seine
et le fleuve tortueux s'allongeant à nos pieds.
150 Sur la droite, un tout petit bâtiment couvert d'ardoises
et surmonté d'un clocher haut comme une ombrelle
s'adossait contre une jolie maison aux persiennes vertes,
toute vêtue de chèvrefeuilles et de rosiers.

Une grosse voix cria : « V'là des amis ! » Et Mathieu
155 parut sur le seuil. C'était un homme de soixante ans,
maigre, portant la barbiche et de longues moustaches
blanches.

---

1. *Pourpre :* couleur rouge foncé. On emploierait aujourd'hui ce mot
au masculin.

Mon compagnon lui serra la main, me présenta, et Mathieu nous fit entrer dans une fraîche cuisine qui lui
160 servait aussi de salle. Il disait : « Moi, monsieur, j'n'ai pas d'appartement distingué. J'aime bien n'point m'éloigner du fricot[1]. Les casseroles, voyez-vous, ça tient compagnie. »

Puis, se tournant vers mon ami : « Pourquoi venez-
165 vous un jeudi ? Vous savez bien que c'est jour de consultation d'ma Patronne. J'peux pas sortir c't'après-midi. »

Et, courant à la porte, il poussa un effroyable beuglement : « Méli-e-e ! » qui dut faire lever la tête
170 aux matelots des navires qui descendaient ou remontaient le fleuve, là-bas, tout au fond de la creuse vallée.

Mélie ne répondit point.

Alors Mathieu cligna de l'œil avec malice. « A n'est pas contente après moi, voyez-vous, parce qu'hier je
175 m'suis trouvé dans les quatre-vingt-dix. »

Mon voisin se mit à rire : « Dans les quatre-vingt-dix, Mathieu ! Comment avez-vous fait ? »

Mathieu répondit :

« J'vas vous dire. J'n'ai trouvé, l'an dernier, qu'vingt
180 rasières[2] d'pommes d'abricot. Y n'y en a pu ; mais pour faire du cidre y n'y a qu'ça. Donc j'en fis une pièce qu'je mis hier en perce. Pour du nectar, c'est du nectar ; vous m'en direz des nouvelles. J'avais ici Polyte ; j'nous mettons à boire un coup, et puis encore
185 un coup, sans s'rassasier (on en boirait jusqu'à d'main),

---

1. *Fricot* : ragoût grossier.
2. La rasière est une mesure valant environ 50 litres.

si bien que, d'coup en coup, je m'sens une fraîcheur dans l'estomac. J'dis à Polyte : ''Si on buvait un verre de fine[1] pour se réchauffer !'' Y consent. Mais c'te fine, ça vous met l'feu dans le corps, si bien qu'il a fallu
190 r'venir au cidre. Mais v'là que d'fraîcheur en chaleur et d'chaleur en fraîcheur, j'm'aperçois que j'suis dans les quatre-vingt-dix. Polyte était pas loin du mètre. »

La porte s'ouvrit. Mélie parut, et tout de suite avant de nous avoir dit bonjour : « ... Crés cochons, vous
195 aviez bien l'mètre tous les deux. »

Alors Mathieu se fâcha : « Dis pas ça, Mélie, dis pas ça ; j'ai jamais été au mètre. »

On nous fit un déjeuner exquis, devant la porte, sous deux tilleuls, à côté de la petite chapelle de « Notre-
200 Dame du Gros-Ventre » et en face de l'immense paysage. Et Mathieu nous raconta, avec raillerie mêlée de crédulités inattendues, d'invraisemblables histoires de miracles.

Nous avions bu beaucoup de ce cidre adorable, piquant et sucré, frais et grisant, qu'il préférait à tous
205 les liquides ; et nous fumions nos pipes, à cheval sur nos chaises, quand deux bonnes femmes se présentèrent.

Elles étaient vieilles, sèches, courbées. Après avoir salué, elles demandèrent saint Blanc. Mathieu cligna de l'œil vers nous et répondit : « J'vas vous donner ça. »
210 Et il disparut dans son bûcher.

Il y resta bien cinq minutes ; puis il revint avec une figure consternée. Il levait les bras :

« J'sais pas oùsqu'il est, je l'trouve pu ; j'suis pourtant sûr que je l'avais. »

---

1. *Fine* : eau-de-vie.

215 Alors, faisant de ses mains un porte-voix, il mugit de nouveau : « Méli-e-e ! » Du fond de la cour sa femme répondit : « Qué qu'y a ?

— Oùsqu'il est saint Blanc ! Je l'trouve pu dans le bûcher. »

220 Alors, Mélie jeta cette explication : « C'est-y pas celui qu't'as pris l'aut'e semaine pour boucher l'trou d'la cabine à lapins ? »

Mathieu tressaillit : « Nom d'un tonnerre, ça s'peut bien ! »

225 Alors il dit aux femmes : « Suivez-moi. »

Elles suivirent. Nous en fîmes autant, malades de rires étouffés.

En effet, saint Blanc, piqué en terre comme un simple pieu maculé de boue et d'ordures, servait d'angle à la

230 cabine à lapins.

Dès qu'elles l'aperçurent, les deux bonnes femmes tombèrent à genoux, se signèrent et se mirent à murmurer des *Oremus*[1]. Mais Mathieu se précipita : « Attendez, vous v'là dans la crotte ; j'vas vous donner

235 une botte de paille. »

Il alla chercher la paille et leur en fit un prie-Dieu. Puis, considérant son saint fangeux[2], et craignant sans doute un discrédit pour son commerce, il ajouta : « J'vas vous l'débrouiller un brin[3]. »

240 Il prit un seau d'eau, une brosse et se mit à laver

---

1. *Oremus* : prières (en latin, « nous prions »).
2. *Fangeux* : couvert de boue.
3. *Débrouiller un brin* : débarbouiller un peu.

vigoureusement le bonhomme de bois, pendant que les deux vieilles priaient toujours.

Puis, quand il eut fini, il ajouta : « Maintenant il n'y a plus d'mal. » Et il nous ramena boire un coup.

245 Comme il portait le verre à sa bouche, il s'arrêta, et, d'un air un peu confus : « C'est égal, quand j'ai mis saint Blanc aux lapins, j'croyais bien qu'i n'f'rait pu d'argent. Y avait deux ans qu'on n'le d'mandait plus. Mais les Saints, voyez-vous, ça n'passe jamais. »

250 Il but et reprit : « Allons, buvons encore un coup. Avec des amis i n'faut pas y aller à moins d'cinquante ; et j'n'en sommes seulement pas à trente-huit. »

Première publication
dans le journal *Gil Blas,* 10 octobre 1882.
Repris dans le volume *Contes de la bécasse,* en 1883.

Un Normand

CE SURPRENANT PAYSAGE

Rouen est décrit de la ligne 5 à la ligne 27.

1. Par qui la ville est-elle vue ?

2. Quel itinéraire le regard suit-il ?

3. À quels objets, monuments ou lieux la description s'intéresse-t-elle ? Citez le texte.

4. Relevez les adjectifs et les superlatifs. Quelle impression l'auteur veut-il donner ?

LE PLUS BEAU NORMAND DE LA PROVINCE

5. Qui est le père Mathieu ? Comment est-il décrit ? Quelles sont ses occupations ?

6. Qu'est-ce que le « saoulomètre » ? Comment ce mot est-il formé ?

7. Pourquoi Maupassant écrit-il : « il boit en artiste » (l. 96) ?

8. En quoi la réplique des lignes 92-93 traduit-elle la mentalité attribuée aux Normands ?

UNE CHAPELLE MIRACULEUSE

9. Comment s'appelle cette chapelle ? Quels sont ses pouvoirs ?

10. Comment le père Mathieu voit-il les saints ? Relevez les termes qui les décrivent.

11. Quels sont les personnages qui viennent consulter ces saints ?

12. À quoi Maupassant identifie-t-il la religion dans ce texte ?

Aux champs. Lithographie originale
de Charles-Lucien Léandre (1862-1930)
pour illustrer les contes de Maupassant.

Aux champs

LES DEUX chaumières étaient côte à côte, au pied d'une colline, proches d'une petite ville de bains. Les deux paysans besognaient[1] dur sur la terre inféconde pour élever tous leurs petits. Chaque ménage en avait quatre.
5 Devant les deux portes voisines, toute la marmaille grouillait du matin au soir. Les deux aînés avaient six ans et les deux cadets quinze mois environ ; les mariages, et, ensuite, les naissances s'étaient produites à peu près simultanément dans l'une et l'autre maison.
10 Les deux mères distinguaient à peine leurs produits dans le tas ; et les deux pères confondaient tout à fait. Les huit noms dansaient dans leur tête, se mêlaient sans cesse ; et, quand il fallait en appeler un, les hommes souvent en criaient trois avant d'arriver au
15 véritable.

La première des deux demeures, en venant de la station d'eaux de Rolleport, était occupée par les Tuvache[2], qui avaient trois filles et un garçon ; l'autre masure abritait les Vallin, qui avaient une fille et trois
20 garçons.

Tout cela vivait péniblement de soupe, de pommes de terre et de grand air. À sept heures, le matin, puis à midi, puis à six heures, le soir, les ménagères

---

1. *Besognaient* : faisaient un travail pénible.
2. *Tuvache* : c'est aussi le nom que Flaubert avait donné au maire d'Yonville dans *Madame Bovary* (1857).

réunissaient leurs mioches pour donner la pâtée, comme
25 des gardeurs d'oies assemblent leurs bêtes. Les enfants
étaient assis, par rang d'âge, devant la table en bois,
vernie par cinquante ans d'usage. Le dernier moutard
avait à peine la bouche au niveau de la planche. On
posait devant eux l'assiette creuse pleine de pain molli[1]
30 dans l'eau où avaient cuit les pommes de terre, un
demi-chou et trois oignons ; et toute la ligne[2] mangeait
jusqu'à plus faim. La mère empâtait elle-même le petit.
Un peu de viande au pot-au-feu, le dimanche, était une
fête pour tous ; et le père, ce jour-là, s'attardait au
35 repas en répétant : « Je m'y ferais bien tous les jours. »

Par un après-midi du mois d'août, une légère voiture
s'arrêta brusquement devant les deux chaumières, et
une jeune femme, qui conduisait elle-même, dit au
monsieur assis à côté d'elle : « Oh ! regarde, Henri, ce
40 tas d'enfants ! Sont-ils jolis, comme ça, à grouiller dans
la poussière ! »

L'homme ne répondit rien, accoutumé à ces
admirations qui étaient une douleur et presque un
reproche pour lui.

45 La jeune femme reprit : « Il faut que je les
embrasse ! Oh ! comme je voudrais en avoir un, celui-
là, le tout-petit. »

Et, sautant de la voiture, elle courut aux enfants, prit
un des deux derniers, celui des Tuvache, et, l'enlevant
50 dans ses bras, elle le baisa passionnément sur ses joues

---

1. *Molli* : rendu mou.
2. *Ligne* : le terme peut avoir ici les deux sens de rangée et de lignée
(les enfants d'une même famille). Jeu de mots.

sales, sur ses cheveux blonds frisés et pommadés de terre, sur ses menottes qu'il agitait pour se débarrasser des caresses ennuyeuses.

Puis elle remonta dans sa voiture et partit au grand
55 trot. Mais elle revint la semaine suivante, s'assit elle-même par terre, prit le moutard dans ses bras, le bourra de gâteaux, donna des bonbons à tous les autres ; et joua avec eux comme une gamine, tandis que son mari attendait patiemment dans sa frêle voiture.

60 Elle revint encore, fit connaissance avec les parents, reparut tous les jours, les poches pleines de friandises et de sous.

Elle s'appelait Mme Henri d'Hubières.

Un matin, en arrivant, son mari descendit avec elle ;
65 et, sans s'arrêter aux mioches, qui la connaissaient bien maintenant, elle pénétra dans la demeure des paysans.

Ils étaient là, en train de fendre du bois pour la soupe ; ils se redressèrent tout surpris, donnèrent des chaises et attendirent. Alors la jeune femme, d'une voix
70 entrecoupée, tremblante, commença : « Mes braves gens, je viens vous trouver parce que je voudrais bien... je voudrais bien emmener avec moi votre... votre petit garçon... » Les campagnards, stupéfaits et sans idée, ne répondirent pas.

75 Elle reprit haleine et continua. « Nous n'avons pas d'enfants ; nous sommes seuls, mon mari et moi... Nous le garderions... voulez-vous ? »

La paysanne commençait à comprendre. Elle demanda : « Vous voulez nous prend'e Charlot ? Ah
80 ben non, pour sûr. »

Alors M. d'Hubières intervint : « Ma femme s'est mal expliquée. Nous voulons l'adopter, mais il reviendra

vous voir. S'il tourne bien, comme tout porte à le
croire, il sera notre héritier. Si nous avions, par hasard,
85 des enfants, il partagerait également avec eux. Mais s'il
ne répondait pas à nos soins, nous lui donnerions, à
sa majorité, une somme de vingt mille francs, qui sera
immédiatement déposée en son nom chez un notaire.
Et, comme on a aussi pensé à vous, on vous servira
90 jusqu'à votre mort une rente de cent francs par mois.
Avez-vous bien compris ? »

La fermière s'était levée, toute furieuse. « Vous voulez
que j'vous vendions Charlot ? Ah ! mais non ; c'est
pas des choses qu'on d'mande à une mère, ça ! Ah !
95 mais non ! Ce s'rait une abomination. »

L'homme ne disait rien, grave et réfléchi ; mais il
approuvait sa femme d'un mouvement continu de la
tête.

Mme d'Hubières, éperdue, se mit à pleurer, et, se
100 tournant vers son mari, avec une voix pleine de sanglots,
une voix d'enfant dont tous les désirs ordinaires sont
satisfaits, elle balbutia : « Ils ne veulent pas, Henri, ils
ne veulent pas ! »

Alors ils firent une dernière tentative. « Mais, mes
105 amis, songez à l'avenir de votre enfant, à son bonheur,
à... »

La paysanne, exaspérée, lui coupa la parole : « C'est
tout vu, c'est tout entendu, c'est tout réfléchi... Allez-
vous-en, et pi, que j'vous revoie point par ici. C'est-i
110 permis d'vouloir prendre un éfant comme ça ! »

Alors, Mme d'Hubières, en sortant, s'avisa qu'ils
étaient deux tout-petits, et elle demanda à travers ses
larmes, avec une ténacité de femme volontaire et gâtée,
qui ne veut jamais attendre : « Mais l'autre petit n'est
115 pas à vous ? »

Le père Tuvache répondit : « Non, c'est aux voisins ; vous pouvez y aller, si vous voulez. »

Et il rentra dans sa maison, où retentissait la voix indignée de sa femme.

120 Les Vallin étaient à table, en train de manger avec lenteur des tranches de pain qu'ils frottaient parcimonieusement[1] avec un peu de beurre piqué au couteau, dans une assiette entre eux deux.

M. d'Hubières recommença ses propositions, mais 125 avec plus d'insinuations, de précautions oratoires, d'astuce.

Les deux ruraux hochaient la tête en signe de refus ; mais quand ils apprirent qu'ils auraient cent francs par mois, ils se considérèrent, se consultant de l'œil, très 130 ébranlés.

Ils gardèrent longtemps le silence, torturés, hésitants. La femme enfin demanda : « Qué qu't'en dis, l'homme ? »

Il prononça d'un ton sentencieux : « J'dis qu'c'est 135 point méprisable. »

Alors Mme d'Hubières, qui tremblait d'angoisse, leur parla de l'avenir du petit, de son bonheur, et de tout l'argent qu'il pourrait leur donner plus tard.

Le paysan demanda : « C'te rente de douze cents 140 francs, ce s'ra promis d'vant l'notaire ? »

M. d'Hubières répondit : « Mais certainement, dès demain. »

La fermière, qui méditait, reprit : « Cent francs par

---

1. *Parcimonieusement* : avec économie.

91

mois, c'est point suffisant pour nous priver du p'tit ;
145 ça travaillera dans quéqu'z'ans c't'éfant ; i nous faut
cent vingt francs. »

Mme d'Hubières, trépignant d'impatience, les accorda
tout de suite ; et, comme elle voulait enlever l'enfant,
elle donna cent francs en cadeau pendant que son mari
150 faisait un écrit. Le maire et un voisin, appelés aussitôt,
servirent de témoins complaisants.

Et la jeune femme, radieuse, emporta le marmot
hurlant, comme on emporte un bibelot[1] désiré d'un
magasin.

155 Les Tuvache, sur leur porte, le regardaient partir,
muets, sévères, regrettant peut-être leur refus.

On n'entendit plus du tout parler du petit Jean Vallin.
Les parents, chaque mois, allaient toucher leurs cent
vingt francs chez le notaire ; et ils étaient fâchés avec
160 leurs voisins parce que la mère Tuvache les agonisait[2]
d'ignominies, répétant sans cesse de porte en porte qu'il
fallait être dénaturé pour vendre son enfant, que c'était
une horreur, une saleté, une corromperie[3].

Et parfois elle prenait en ses bras son Charlot avec
165 ostentation[4], lui criant, comme s'il eût compris :
« J't'ai pas vendu, mé, j't'ai pas vendu, mon p'tiot.
J'vends pas m's éfants, mé. J'sieus pas riche, mais vends
pas m's'éfants. »

Et, pendant des années et encore des années, ce fut

---

1. *Bibelot* : petit objet décoratif.
2. *Agonisait* : accablait.
3. *Corromperie* : pour corruption (faute de français placée de façon intentionnelle par Maupassant dans la bouche d'une paysanne).
4. *Avec ostentation* : pour être bien remarquée.

170 ainsi chaque jour ; chaque jour des allusions grossières
qui étaient vociférées[1] devant la porte, de façon à entrer
dans la maison voisine. La mère Tuvache avait fini par
se croire supérieure à toute la contrée parce qu'elle
n'avait pas vendu Charlot. Et ceux qui parlaient d'elle
175 disaient : « J'sais ben que c'était engageant, c'est égal,
elle s'a conduite comme une bonne mère. »

On la citait ; et Charlot, qui prenait dix-huit ans,
élevé dans cette idée qu'on lui répétait sans répit, se
jugeait lui-même supérieur à ses camarades, parce qu'on
180 ne l'avait pas vendu.

Les Vallin vivotaient à leur aise, grâce à la pension.
La fureur inapaisable des Tuvache, restés misérables,
venait de là.

Leur fils aîné partit au service. Le second mourut ;
185 Charlot resta seul à peiner avec le vieux père pour
nourrir la mère et deux autres sœurs cadettes qu'il
avait.

Il prenait vingt et un ans, quand, un matin, une
brillante voiture s'arrêta devant les deux chaumières.
190 Un jeune monsieur, avec une chaîne de montre en or,
descendit, donnant la main à une vieille dame en
cheveux blancs. La vieille dame lui dit : « C'est là, mon
enfant, à la seconde maison. »

Et il entra comme chez lui dans la masure[2] des
195 Vallin.

La vieille mère lavait ses tabliers ; le père, infirme,

---

1. *Vociférées* : hurlées avec colère.
2. *Masure* : en Normandie, enclos où se trouve la ferme. Par extension,
petite maison misérable.

sommeillait près de l'âtre[1]. Tous deux levèrent la tête, et le jeune homme dit : « Bonjour, papa ; bonjour, maman. »

200   Ils se dressèrent effarés. La paysanne laissa tomber d'émoi son savon dans son eau et balbutia :

« C'est-i té, m'n éfant ? C'est-i té, m'n éfant ? »

Il la prit dans ses bras et l'embrassa, en répétant : « Bonjour, maman. » Tandis que le vieux, tout tremblant,

205 disait, de son ton calme qu'il ne perdait jamais : « Te v'là-t'il revenu, Jean ? » Comme s'il l'avait vu un mois auparavant.

Et, quand ils se furent reconnus, les parents voulurent tout de suite sortir le fieu[2] dans le pays pour le montrer.

210 On le conduisit chez le maire, chez l'adjoint, chez le curé, chez l'instituteur.

Charlot, debout sur le seuil de sa chaumière, le regardait passer.

Le soir au souper, il dit aux vieux : « Faut-il qu'vous

215 ayez été sots pour laisser prendre le p'tit aux Vallin ! »

Sa mère répondit obstinément : « J'voulions point vendre not'éfant. »

Le père ne disait rien.

220   Le fils reprit : « C'est-il pas malheureux d'être sacrifié comme ça. »

Alors le père Tuvache articula d'un ton coléreux : « Vas-tu pas nous r'procher d't'avoir gardé ? »

---

1. *Âtre :* cheminée.
2. *Fieu :* enfant (forme dialectale, c'est-à-dire variante régionale d'un mot français).

Et le jeune homme, brutalement : « Oui, j'vous le
225 r'proche, que vous n'êtes que des niants[1]. Des parents
comme vous ça fait l'malheur des éfants. Qu'vous
mériteriez que j'vous quitte. »

La bonne femme pleurait dans son assiette. Elle gémit
tout en avalant des cuillerées de soupe dont elle
230 répandait la moitié : « Tuez-vous donc pour élever d's
éfants ! »

Alors le gars, rudement : « J'aimerais mieux n'être
point né que d'être c'que j'suis. Quand j'ai vu l'autre,
tantôt, mon sang n'a fait qu'un tour. Je m'suis dit :
235 — v'là c'que j'serais maintenant. »

Il se leva. « Tenez, j'sens bien que je ferai mieux
de n'pas rester ici, parce que j'vous le reprocherais
du matin au soir, et que j'vous ferais une vie d'misère.
Ça, voyez-vous, j'vous l'pardonnerai jamais ! »

240 Les deux vieux se taisaient, atterrés, larmoyants.

Il reprit : « Non, c't'idée-là, ce serait trop dur. J'aime
mieux m'en aller chercher ma vie aut'part. »

Il ouvrit la porte. Un bruit de voix entra. Les Vallin
festoyaient avec l'enfant revenu.

245 Alors Charlot tapa du pied et, se tournant vers ses
parents, cria :

« Manants[2], va ! »

Et il disparut dans la nuit.

Première publication dans *Gil Blas,* 31 octobre 1882.
Repris dans le volume *Contes de la bécasse,* en 1883.

---

1. *Niants :* niais, personnes de rien (forme dialectale).
2. *Manants :* paysans grossiers (péjoratif).

Aux champs

LES RICHES ET LES PAUVRES

1. Comment vivent les Tuvache et les Vallin ?

2. Relevez et commentez les termes décrivant la pauvreté de ces « vilains ».

3. Pourquoi chacun des deux ménages confond-il ses enfants avec ceux de l'autre ? Cherchez d'autres effets de symétrie.

4. À quel rang social appartiennent M. et Mme d'Hubières ? Illustrez votre réponse à l'aide d'expressions empruntées au texte.

5. Quel semble être le problème de ce couple ?

L'ARGENT

6. Que pensez-vous de la proposition de Mme d'Hubières ?

7. Quelles sont les réactions des Tuvache ? celles des Vallin ?

8. Quels rapports entretiennent les deux familles après la vente ?

9. Pourquoi la mère Tuvache se croit-elle « supérieure à toute la contrée » (l. 174) ?

CHARLOT : UN MAUVAIS FILS ?

10. Comment Charlot se comporte-t-il lorsqu'il revoit le fils Vallin ?

11. Que reproche-t-il à ses parents ?

12. Des Tuvache et des Vallin, lesquels vous sont les plus sympathiques ? Pourquoi ?

13. Qu'est-ce que la dernière réplique (l. 248) a de comique ?

14. Quelle morale ce conte illustre-t-il ?

La Légende
du mont Saint-Michel

JE L'AVAIS vu d'abord de Cancale, ce château de fées planté dans la mer. Je l'avais vu confusément, ombre grise dressée sur le ciel brumeux.

Je le revis d'Avranches, au soleil couchant. L'immensité
5 des sables était rouge, l'horizon était rouge, toute la baie démesurée était rouge ; seule, l'abbaye escarpée, poussée là-bas, loin de la terre, comme un manoir fantastique, stupéfiante comme un palais de rêve, invraisemblablement étrange et belle, restait presque
10 noire dans les pourpres[1] du jour mourant.

J'allai vers elle le lendemain dès l'aube à travers les sables, l'œil tendu sur ce bijou monstrueux, grand comme une montagne, ciselé comme un camée[2], et vaporeux comme une mousseline[3]. Plus j'approchais,
15 plus je me sentais soulevé d'admiration, car rien au monde peut-être n'est plus étonnant et plus parfait.

Et j'errai, surpris comme si j'avais découvert l'habitation d'un dieu à travers ces salles portées par des colonnes légères ou pesantes, à travers ces couloirs
20 percés à jour, levant mes yeux émerveillés sur ces clochetons qui semblent des fusées parties vers le ciel

---

1. *Pourpres :* rouge foncé.
2. *Camée :* pierre fine ornée d'une figure en relief.
3. *Mousseline :* tissu souple et transparent.

et sur tout cet emmêlement incroyable de tourelles, de gargouilles[1], d'ornements sveltes et charmants, feu d'artifice de pierre, dentelle de granit, chef-d'œuvre
25 d'architecture colossale et délicate.

Comme je restais en extase, un paysan bas-normand m'aborda et me raconta l'histoire de la grande querelle de saint Michel avec le diable[2].

Un sceptique de génie a dit : « Dieu a fait l'homme
30 à son image, mais l'homme le lui a bien rendu. »

Ce mot est d'une éternelle vérité et il serait fort curieux de faire dans chaque continent l'histoire de la divinité locale, ainsi que l'histoire des saints patrons dans chacune de nos provinces. Le nègre a des idoles
35 féroces, mangeuses d'hommes ; le mahométan[3] polygame peuple son paradis de femmes ; les Grecs, en gens pratiques, avaient divinisé toutes les passions.

Chaque village de France est placé sous l'invocation d'un saint protecteur, modifié à l'image des habitants.
40 Or, saint Michel veille sur la Basse-Normandie, saint Michel, l'ange radieux et victorieux, le porte-glaive, le héros du ciel, le triomphant, le dominateur de Satan.

Mais voici comment le Bas-Normand, rusé, cauteleux[4], sournois et chicanier, comprend et raconte la lutte du
45 grand saint avec le diable.

Pour se mettre à l'abri des méchancetés du démon, son voisin, saint Michel construisit lui-même, en plein

---

1. *Gargouilles* : gouttières ornées de figures de fantaisie.
2. Saint Michel est le symbole de la lutte contre le diable.
3. *Mahométan* : musulman.
4. *Cauteleux* : qui manifeste à la fois de la méfiance et de la ruse.

Océan, cette habitation digne d'un archange[1] ; et, seul, en effet, un pareil saint pouvait se créer une semblable
50 résidence.

Mais comme il redoutait encore les approches du Malin, il entoura son domaine de sables mouvants plus perfides que la mer.

Le diable habitait une humble chaumière sur la
55 côte ; mais il possédait les prairies baignées d'eau salée, les belles terres grasses où poussent les récoltes lourdes, les riches vallées et les coteaux féconds de tout le pays ; tandis que le saint ne régnait que sur les sables. De sorte que Satan était riche, et saint Michel était
60 pauvre comme un gueux[2].

Après quelques années de jeûne, le saint s'ennuya de cet état de choses et pensa à passer un compromis avec le diable ; mais la chose n'était guère facile, Satan tenant à ses moissons.

65 Il réfléchit pendant six mois ; puis, un matin, il s'achemina vers la terre. Le démon mangeait la soupe devant sa porte quand il aperçut le saint ; aussitôt il se précipita à sa rencontre, baisa le bas de sa manche, le fit entrer et lui offrit de se rafraîchir.

70 Après avoir bu une jatte[3] de lait, saint Michel prit la parole : « Je suis venu pour te proposer une bonne affaire. »

Le diable, candide et sans défiance, répondit : « Ça me va.

---

1. *Archange :* ange d'un ordre supérieur. Saint Michel était appelé dans la tradition « le prince des anges ».
2. *Gueux :* mendiant.
3. *Jatte :* récipient rond et sans rebord.

75 — Voici. Tu me céderas toutes tes terres. »

Satan, inquiet, voulut parler. « Mais... »

Le saint reprit : « Écoute d'abord. Tu me céderas toutes tes terres. Je me chargerai de l'entretien, du travail, des labourages, des semences, du fumage[1], de
80 tout enfin, et nous partagerons la récolte par moitié. Est-ce dit ? »

Le diable, naturellement paresseux, accepta.

Il demanda seulement en plus quelques-uns de ces délicieux surmulets[2] qu'on pêche autour du mont
85 solitaire. Saint Michel promit les poissons.

Ils se tapèrent dans la main, crachèrent de côté pour indiquer que l'affaire était faite, et le saint reprit : « Tiens, je ne veux pas que tu aies à te plaindre de moi. Choisis ce que tu préfères : la partie des récoltes
90 qui sera sur terre ou celle qui restera dans la terre. »

Satan s'écria : « Je prends celle qui sera sur terre.

— C'est entendu », dit le saint.

Et il s'en alla.

Or, six mois après, dans l'immense domaine du
95 diable, on ne voyait que des carottes, des navets, des oignons, des salsifis, toutes les plantes dont les racines grasses sont bonnes et savoureuses, et dont la feuille inutile sert tout au plus à nourrir les bêtes.

Satan n'eut rien et voulut rompre le contrat, traitant
100 saint Michel de « malicieux[3] ».

---

1. *Fumage :* apport d'engrais.
2. *Surmulets :* rougets, barbets (poissons de mer).
3. *Malicieux :* malintentionné. La malice est une caractéristique de Satan dans la tradition chrétienne.

Mais le saint avait pris goût à la culture ; il retourna retrouver le diable : « Je t'assure que je n'y ai point pensé du tout ; ça s'est trouvé comme ça ; il n'y a point de ma faute. Et, pour te dédommager, je t'offre de prendre, cette année, tout ce qui se trouvera sous terre.

— Ça me va », dit Satan.

Au printemps suivant, toute l'étendue des terres de l'Esprit du mal était couverte de blés épais, d'avoines grosses comme des clochetons, de lins, de colzas magnifiques, de trèfles rouges, de pois, de choux, d'artichauts, de tout ce qui s'épanouit au soleil en graines ou en fruits.

Satan n'eut encore rien et se fâcha tout à fait.

Il reprit ses prés et ses labours et resta sourd à toutes les ouvertures nouvelles de son voisin.

Une année entière s'écoula. Du haut de son manoir[1] isolé, saint Michel regardait la terre lointaine et féconde, et voyait le diable dirigeant les travaux, rentrant les récoltes, battant ses grains. Et il rageait, s'exaspérant de son impuissance. Ne pouvant plus duper[2] Satan, il résolut de s'en venger, et il alla le prier à dîner pour le lundi suivant.

« Tu n'as pas été heureux dans tes affaires avec moi, disait-il, je le sais ; mais je ne veux pas qu'il reste de rancune entre nous, et je compte que tu viendras dîner avec moi. Je te ferai manger de bonnes choses. »

---

1. *Manoir :* petit château campagnard.
2. *Duper :* tromper.

Satan, aussi gourmand que paresseux, accepta bien
vite. Au jour dit, il revêtit ses plus beaux habits et prit
130 le chemin du Mont.

Saint Michel le fit asseoir à une table magnifique.
On servit d'abord un vol-au-vent[1] plein de crêtes et de
rognons de coq, avec des boulettes de chair à saucisse,
puis deux gros surmulets à la crème, puis une dinde
135 blanche pleine de marrons confits dans du vin, puis un
gigot de pré-salé, tendre comme du gâteau ; puis des
légumes qui fondaient dans la bouche et de la bonne
galette chaude, qui fumait en répandant un parfum de
beurre.

140 On but du cidre pur, mousseux et sucré, et du vin
rouge et capiteux, et, après chaque plat, on faisait un
trou avec de la vieille eau-de-vie de pommes.

Le diable but et mangea comme un coffre, tant et si
bien qu'il se trouva gêné[2].

145 Alors saint Michel, se levant formidable, s'écria d'une
voix de tonnerre : « Devant moi ! devant moi,
canaille ! Tu oses... devant moi... »

Satan éperdu s'enfuit, et le saint, saisissant un bâton,
le poursuivit.

150 Ils couraient par les salles basses, tournant autour
des piliers, montaient les escaliers aériens, galopaient le
long des corniches, sautaient de gargouille en gargouille.
Le pauvre démon, malade à fendre l'âme, fuyait,
souillant la demeure du saint. Il se trouva enfin sur la

---

1. *Vol-au-vent* : croûte en pâte feuilletée, garnie d'une préparation en
sauce.
2. *Gêné* : ici, victime d'une indigestion et de ses conséquences.

155 dernière terrasse, tout en haut, d'où l'on découvre la
baie immense avec ses villes lointaines, ses sables et ses
pâturages. Il ne pouvait échapper plus longtemps ; et
le saint, lui jetant dans le dos un coup de pied furieux,
le lança comme une balle à travers l'espace.

160 Il fila dans le ciel ainsi qu'un javelot, et s'en vint
tomber lourdement devant la ville de Mortain. Les
cornes de son front et les griffes de ses membres
entrèrent profondément dans le rocher, qui garde pour
l'éternité les traces de cette chute de Satan.

165 Il se releva boiteux, estropié jusqu'à la fin des
siècles ; et, regardant au loin le Mont fatal, dressé
comme un pic dans le soleil couchant, il comprit bien
qu'il serait toujours vaincu dans cette lutte inégale, et
il partit en traînant la jambe, se dirigeant vers des pays
170 éloignés, abandonnant à son ennemi ses champs, ses
coteaux, ses vallées et ses prés.

Et voilà comment saint Michel, patron des Normands,
vainquit le diable.

Un autre peuple avait rêvé autrement cette bataille.

Première publication
dans le journal *Gil Blas,* 19 décembre 1882.
Repris dans le volume *Clair de lune,* en 1884.

La Légende du mont Saint-Michel

L'EXPRESSION

1. Qu'est-ce qu'une légende ? Cherchez dans un dictionnaire la définition exacte et l'étymologie de ce mot. Donnez d'autres exemples de légendes.

2. Cherchez sur une carte Cancale et Avranches. D'où et dans quelles circonstances le mont Saint-Michel est-il vu ? Par qui ?

3. Relevez les comparaisons et les métaphores (ou images) utilisées dans la description des quatre premiers paragraphes. En quoi est-ce un lieu extraordinaire ?

4. Comment le passage du réel à l'imaginaire s'effectue-t-il ?

LE RÉCIT

5. Quelles sont les différentes parties du récit ?

6. Par quels mots chaque partie est-elle introduite ?

7. Combien de temps s'écoule-t-il entre le début et la fin de l'histoire ?

8. Qui a l'initiative de l'action ?

LA RÉFLEXION MORALE

9. Quels sont les attributs traditionnels de saint Michel ? Quelles sont ici ses qualités ?

10. Quels sont les défauts du diable ? Citez le texte à l'appui de votre réponse.

11. Indiquez tous les passages qui font de « la grande querelle » entre saint Michel et le diable une simple rivalité entre êtres humains.

12. Le Bas-Normand est « rusé, cauteleux, sournois et chicanier ». Comment voit-il les divinités ?

13. À quelles autres croyances Maupassant fait-il allusion ?

La Ficelle

Sur toutes les routes autour de Goderville, les paysans
et leurs femmes s'en venaient vers le bourg ; car c'était
jour de marché. Les mâles allaient, à pas tranquilles,
tout le corps en avant à chaque mouvement de leurs
5 longues jambes torses[1], déformées par les rudes travaux,
par la pesée sur la charrue qui fait en même temps
monter l'épaule gauche et dévier la taille, par le fauchage
des blés qui fait écarter les genoux pour prendre un
aplomb solide, par toutes les besognes lentes et pénibles
10 de la campagne. Leur blouse bleue, empesée, brillante,
comme vernie, ornée au col et aux poignets d'un petit
dessin de fil blanc, gonflée autour de leur torse osseux,
semblait un ballon prêt à s'envoler, d'où sortaient une
tête, deux bras et deux pieds.
15   Les uns tiraient au bout d'une corde une vache, un
veau. Et leurs femmes, derrière l'animal, lui fouettaient
les reins d'une branche encore garnie de feuilles, pour
hâter sa marche. Elles portaient au bras de larges paniers
d'où sortaient des têtes de poulets par-ci, des têtes de
20 canards par-là. Et elles marchaient d'un pas plus court
et plus vif que leurs hommes, la taille sèche, droite et
drapée dans un petit châle étriqué[2], épinglé sur leur
poitrine plate, la tête enveloppée d'un linge blanc collé
sur les cheveux et surmontée d'un bonnet.

---

1. *Torses* : tordues.
2. *Étriqué* : qui manque d'ampleur, trop serré.

25 Puis, un char à bancs passait, au trot saccadé d'un bidet[1], secouant étrangement deux hommes assis côte à côte et une femme dans le fond du véhicule, dont elle tenait le bord pour atténuer les durs cahots.

Sur la place de Goderville, c'était une foule, une
30 cohue d'humains et de bêtes mélangés. Les cornes des bœufs, les hauts chapeaux à longs poils des paysans riches et les coiffes des paysannes émergeaient à la surface de l'assemblée. Et les voix criardes, aiguës, glapissantes formaient une clameur continue et sauvage
35 que dominait parfois un grand éclat poussé par la robuste poitrine d'un campagnard en gaieté, ou le long meuglement d'une vache attachée au mur d'une maison.

Tout cela sentait l'étable, le lait et le fumier, le foin et la sueur, dégageait cette saveur aigre, affreuse, humaine
40 et bestiale, particulière aux gens des champs.

Maître Hauchecorne, de Bréauté, venait d'arriver à Goderville, et il se dirigeait vers la place, quand il aperçut par terre un petit bout de ficelle. Maître Hauchecorne, économe en vrai Normand, pensa que
45 tout était bon à ramasser qui peut servir ; et il se baissa péniblement, car il souffrait de rhumatismes. Il prit, par terre, le morceau de corde mince, et il se disposait à le rouler avec soin, quand il remarqua, sur le seuil de sa porte, maître Malandain, le bourrelier[2], qui le regardait.
50 Ils avaient eu des affaires ensemble au sujet d'un licol, autrefois, et ils étaient restés fâchés, étant rancuniers tous deux. Maître Hauchecorne fut pris d'une sorte de

---

1. *Bidet* : petit cheval de selle ou de trait.
2. *Bourrelier* : artisan qui fabrique et vend les pièces de harnais.

honte d'être vu ainsi, par son ennemi, cherchant dans
la crotte[1] un bout de ficelle. Il cacha brusquement sa
55 trouvaille sous sa blouse, puis dans la poche de sa
culotte ; puis il fit semblant de chercher encore par
terre quelque chose qu'il ne trouvait point, et il s'en
alla vers le marché, la tête en avant, courbé en deux
par ses douleurs.

60 Il se perdit aussitôt dans la foule criarde et lente,
agitée par les interminables marchandages. Les paysans
tâtaient les vaches, s'en allaient, revenaient, perplexes,
toujours dans la crainte d'être mis dedans[2], n'osant
jamais se décider, épiant l'œil du vendeur, cherchant
65 sans fin à découvrir la ruse de l'homme et le défaut
de la bête.

Les femmes, ayant posé à leurs pieds leurs grands
paniers, en avaient tiré leurs volailles qui gisaient par
terre, liées par les pattes, l'œil effaré, la crête écarlate.

70 Elles écoutaient les propositions, maintenaient leurs
prix, l'air sec, le visage impassible ; ou bien tout à
coup, se décidant au rabais proposé, criaient au client
qui s'éloignait lentement : « C'est dit, maît' Anthime.
J'vous l'donne. »

75 Puis, peu à peu, la place se dépeupla, et l'angelus[3]
sonnant midi, ceux qui demeuraient trop loin se
répandirent dans les auberges.

Chez Jourdain, la grande salle était pleine de mangeurs,
comme la vaste cour était pleine de véhicules de toute

---

1. *Crotte* : boue.
2. *Être mis dedans* : être dupé, trompé.
3. *Angelus* : sonnerie de cloche.

80 race, charrettes, cabriolets, chars à bancs, tilburys [1],
carrioles innommables, jaunes de crotte, déformées,
rapiécées, levant au ciel, comme deux bras, leurs
brancards, ou bien le nez par terre et le derrière en
l'air.

85 Tout contre les dîneurs attablés, l'immense cheminée,
pleine de flamme claire, jetait une chaleur vive dans le
dos de la rangée de droite. Trois broches tournaient,
chargées de poulets, de pigeons et de gigots ; et une
délectable odeur de viande rôtie et de jus ruisselant sur
90 la peau rissolée, s'envolait de l'âtre [2], allumait les gaietés,
mouillait les bouches.

Toute l'aristocratie de la charrue mangeait là, chez
maît' Jourdain, aubergiste et maquignon [3], un malin qui
avait des écus.

95 Les plats passaient, se vidaient comme les brocs de
cidre jaune. Chacun racontait ses affaires, ses achats et
ses ventes. On prenait des nouvelles des récoltes. Le
temps était bon pour les verts, mais un peu mucre [4]
pour les blés.

100 Tout à coup, le tambour roula, dans la cour, devant
la maison. Tout le monde aussitôt fut debout, sauf
quelques indifférents, et on courut à la porte, aux

---

1. *Tilburys* : cabriolets légers, du nom de leur inventeur (mot d'origine anglaise).
2. *Âtre* : cheminée.
3. *Maquignon* : marchand de chevaux (généralement considéré comme peu scrupuleux).
4. *Mucre* : humide (forme dialectale, c'est-à-dire variante régionale d'un mot français).

fenêtres, la bouche encore pleine et la serviette à la main.

105 Après qu'il eut terminé son roulement, le crieur public lança d'une voix saccadée, scandant ses phrases à contre-temps : « Il est fait assavoir aux habitants de Goderville, et en général à toutes les personnes présentes au marché, qu'il a été perdu ce matin, sur la route de Beuzeville,

110 entre neuf heures et dix heures, un portefeuille en cuir noir, contenant cinq cents francs et des papiers d'affaires. On est prié de le rapporter à la mairie, incontinent[1], ou chez maître Fortuné Houlbrèque, de Manneville. Il y aura vingt francs de récompense. »

115 Puis l'homme s'en alla. On entendit encore une fois au loin les battements sourds de l'instrument et la voix affaiblie du crieur.

Alors on se mit à parler de cet événement, en énumérant les chances qu'avait maître Houlbrèque de

120 retrouver ou de ne pas retrouver son portefeuille.

Et le repas s'acheva.

On finissait le café, quand le brigadier de gendarmerie parut sur le seuil.

Il demanda : « Maître Hauchecorne, de Bréauté,

125 est-il ici ? »

Maître Hauchecorne, assis à l'autre bout de la table, répondit : « Me v'là. »

Et le brigadier reprit : « Maître Hauchecorne, voulez-vous avoir la complaisance de m'accompagner à la

130 mairie. M. le maire voudrait vous parler. »

---

1. *Incontinent :* immédiatement.

Le paysan, surpris, inquiet, avala d'un coup son petit verre, se leva et, plus courbé encore que le matin, car les premiers pas après chaque repos étaient particulièrement difficiles, il se mit en route en 135 répétant : « Me v'là, me v'là. »

Et il suivit le brigadier.

Le maire l'attendait, assis dans un fauteuil. C'était le notaire de l'endroit, homme gros, grave, à phrases pompeuses. « Maître Hauchecorne, dit-il, on vous a 140 vu ce matin ramasser, sur la route de Beuzeville, le portefeuille perdu par maître Houlbrèque, de Manneville. »

Le campagnard, interdit, regardait le maire, apeuré déjà par ce soupçon qui pesait sur lui, sans qu'il comprît 145 pourquoi.

« Mé, mé, j'ai ramassé çu portafeuille ?

— Oui, vous-même.

— Parole d'honneur, je n'en ai seulement point eu connaissance.

150 — On vous a vu.

— On m'a vu, mé ? Qui ça qui m'a vu ?

— M. Malandain, le bourrelier. »

Alors le vieux se rappela, comprit et, rougissant de colère : « Ah ! i m'a vu, çu manant[1] ! I m'a vu ramasser 155 c'te ficelle-là, tenez, m'sieu le Maire. »

Et, fouillant au fond de sa poche, il en retira le petit bout de corde.

Mais le maire, incrédule, remuait la tête.

---

1. *Manant* : paysan (péjoratif).

« Vous ne me ferez pas accroire, maître Hauchecorne,
160 que M. Malandain, qui est un homme digne de foi, a
pris ce fil pour un portefeuille. »

Le paysan, furieux, leva la main, cracha de côté pour
attester son honneur, répétant : « C'est pourtant la
vérité du bon Dieu, la sainte vérité, m'sieu le Maire.
165 Là, sur mon âme et mon salut, je l'répète. »

Le maire reprit : « Après avoir ramassé l'objet, vous
avez même encore cherché longtemps dans la boue, si
quelque pièce de monnaie ne s'en était pas échappée. »

Le bonhomme suffoquait d'indignation et de peur.
170 « Si on peut dire !... si on peut dire... des menteries
comme ça pour dénaturer[1] un honnête homme ! Si on
peut dire !... »

Il eut beau protester, on ne le crut pas.

Il fut confronté avec M. Malandain, qui répéta et
175 soutint son affirmation. Ils s'injurièrent une heure
durant. On fouilla, sur sa demande, maître Hauchecorne.
On ne trouva rien sur lui.

Enfin, le maire, fort perplexe, le renvoya, en le
prévenant qu'il allait aviser le parquet et demander des
180 ordres.

La nouvelle s'était répandue. À sa sortie de la mairie,
le vieux fut entouré, interrogé avec une curiosité sérieuse
ou goguenarde[2], mais où n'entrait aucune indignation.
Et il se mit à raconter l'histoire de la ficelle. On ne le
185 crut pas. On riait.

Il allait, arrêté par tous, arrêtant ses connaissances,

---

1. *Dénaturer :* l'homme veut dire « calomnier ».
2. *Goguenarde :* moqueuse.

recommençant sans fin son récit et ses protestations, montrant ses poches retournées, pour prouver qu'il n'avait rien.

190 On lui disait : « Vieux malin, va ! »

Et il se fâchait, s'exaspérant, enfiévré, désolé de n'être pas cru, ne sachant que faire, et contant toujours son histoire.

La nuit vint. Il fallait partir. Il se mit en route avec
195 trois voisins à qui il montra la place où il avait ramassé le bout de corde ; et tout le long du chemin il parla de son aventure.

Le soir, il fit une tournée dans le village de Bréauté, afin de la dire à tout le monde. Il ne rencontra que
200 des incrédules. Il en fut malade toute la nuit.

Le lendemain, vers une heure de l'après-midi, Marius Paumelle, valet de ferme de maître Breton, cultivateur à Ymauville, rendait le portefeuille et son contenu à maître Houlbrèque, de Manneville.

205 Cet homme prétendait avoir, en effet, trouvé l'objet sur la route ; mais, ne sachant pas lire, il l'avait rapporté à la maison et donné à son patron.

La nouvelle se répandit aux environs. Maître Hauchecorne en fut informé. Il se mit aussitôt en
210 tournée et commença à narrer son histoire complétée du dénouement. Il triomphait. « C'qui m'faisait deuil[1], disait-il, c'est point tant la chose, comprenez-vous ; mais c'est la menterie. Y a rien qui vous nuit comme d'être en réprobation pour une menterie. »

---

1. *Deuil* : ici, peine.

215   Tout le jour il parlait de son aventure, il la contait sur les routes aux gens qui passaient, au cabaret aux gens qui buvaient, à la sortie de l'église le dimanche suivant. Il arrêtait des inconnus pour la leur dire. Maintenant, il était tranquille, et pourtant quelque chose
220 le gênait sans qu'il sût au juste ce que c'était. On avait l'air de plaisanter en l'écoutant. On ne paraissait pas convaincu. Il lui semblait sentir des propos derrière son dos.

    Le mardi de l'autre semaine, il se rendit au marché
225 de Goderville, uniquement poussé par le besoin de conter son cas.

    Malandain, debout sur sa porte, se mit à rire en le voyant passer. Pourquoi ?

    Il aborda un fermier de Criquetot, qui ne le laissa
230 pas achever et, lui jetant une tape dans le creux de son ventre, lui cria par la figure : « Gros malin, va ! » Puis lui tourna les talons.

    Maître Hauchecorne demeura interdit et de plus en plus inquiet. Pourquoi l'avait-on appelé « gros malin » ?
235   Quand il fut assis à table, dans l'auberge de Jourdain, il se remit à expliquer l'affaire.

    Un maquignon de Montivilliers lui cria : « Allons, allons vieille pratique[1], je la connais, ta ficelle ! »
240   Hauchecorne balbutia : « Puisqu'on l'a retrouvé, çu portafeuille ! »

    Mais l'autre reprit : « Tais-té, mon pé, y en a un

---

1. *Vieille pratique* : ici, vieux rusé (sous-entendu : bien connu).

qui trouve, et y en a un qui r'porte. Ni vu ni connu, je t'embrouille. »

245 Le paysan resta suffoqué. Il comprenait enfin. On l'accusait d'avoir fait reporter le portefeuille par un compère, par un complice.

Il voulut protester. Toute la table se mit à rire.

Il ne put achever son dîner et s'en alla, au milieu
250 des moqueries.

Il rentra chez lui, honteux et indigné, étranglé par la colère, par la confusion, d'autant plus atterré qu'il était capable, avec sa finauderie[1] de Normand, de faire ce dont on l'accusait, et même de s'en vanter comme d'un
255 bon tour. Son innocence lui apparaissait confusément comme impossible à prouver, sa malice étant connue. Et il se sentait frappé au cœur par l'injustice du soupçon.

Alors il recommença à conter l'aventure, en allongeant chaque jour son récit, ajoutant chaque fois des raisons
260 nouvelles, des protestations plus énergiques, des serments plus solennels qu'il imaginait, qu'il préparait dans ses heures de solitude, l'esprit uniquement occupé de l'histoire de la ficelle. On le croyait d'autant moins que sa défense était plus compliquée et son argumentation
265 plus subtile. « Ça, c'est des raisons d'menteux », disait on derrière son dos.

Il le sentait, se rongeait les sangs[2], s'épuisait en efforts inutiles.

Il dépérissait à vue d'œil.

270 Les plaisants maintenant lui faisaient conter « la

---

1. *Finauderie* : ruse cachée derrière une apparence de simplicité.
2. *Se rongeait les sangs* : s'angoissait (populaire).

Ficelle » pour s'amuser, comme on fait conter sa bataille au soldat qui a fait campagne. Son esprit, atteint à fond, s'affaiblissait.

Vers la fin de décembre, il s'alita.

275   Il mourut dans les premiers jours de janvier, et, dans le délire de l'agonie, il attestait son innocence, répétant : « Une 'tite ficelle... une 'tite ficelle... t'nez, la voilà, m'sieu le Maire. »

Première publication dans le journal *le Gaulois,*
25 novembre 1883.
Repris dans le volume *Miss Harriet,* en 1884.

La Ficelle.
Illustration de G. Nick (XIXe siècle).
Bibliothèque nationale, Paris.

La Ficelle

LE MONDE PAYSAN

1. Où et quand se situe l'histoire ?

2. Pourquoi Maupassant choisit-il le terme de « mâles » pour désigner les hommes (l. 3) ?

3. Relevez les mots qui décrivent le marché, ses pratiques, ses habitudes, etc.

4. Que font les paysannes ? Citez le texte.

« UNE 'TITE FICELLE... »

5. Quels sont les personnages principaux ?

6. Quel était le rôle du crieur public à l'époque de Maupassant ?

7. Pourquoi maître Hauchecorne est-il accusé de n'avoir pas rendu le portefeuille ?

8. Son explication est-elle prise au sérieux par le maire, puis par ses concitoyens ? Pourquoi à votre avis ?

9. Comment maître Hauchecorne réagit-il ? Relevez les éléments traduisant les sentiments successifs du vieux paysan.

L'OPINION PUBLIQUE

10. Un apologue est un court récit dont on tire une morale. Peut-on qualifier *la Ficelle* d'apologue ? Est-ce la signification morale ou l'art du récit qui vous semble ici le plus important ? Justifiez votre réponse.

11. De quoi maître Hauchecorne est-il victime ?

12. Que veut dénoncer Maupassant ?

13. Pourquoi a-t-il choisi une chute (voir p. 267) aussi dramatique ?

Le Modèle

Arrondie en croissant de lune, la petite ville d'Étretat avec ses falaises blanches, son galet blanc et sa mer bleue, reposait sous le soleil d'un grand jour de juillet. Aux deux pointes de ce croissant, les deux portes, la petite à droite, la grande à gauche, avançaient dans l'eau tranquille, l'une son pied de naine, l'autre sa jambe de colosse ; et l'aiguille, presque aussi haute que la falaise, large d'en bas, fine au sommet, pointait vers le ciel sa tête aiguë.

Sur la plage, le long du flot, une foule assise regardait les baigneurs. Sur la terrasse du Casino, une autre foule, assise ou marchant, étalait sous le ciel plein de lumière un jardin de toilettes où éclataient des ombrelles rouges et bleues, avec de grandes fleurs brodées en soie dessus.

Sur la promenade, au bout de la terrasse, d'autres gens, les calmes, les tranquilles, allaient d'un pas lent, loin de la cohue élégante.

Un jeune homme, connu, célèbre, un peintre, Jean Summer, marchait d'un air morne, à côté d'une petite voiture de malade où reposait une jeune femme, sa femme. Un domestique poussait doucement cette sorte de fauteuil roulant, et l'estropiée contemplait d'un œil triste la joie du ciel, la joie du jour, et la joie des autres.

Ils ne parlaient point. Ils ne se regardaient pas.
« Arrêtons-nous un peu », dit la femme.

Ils s'arrêtèrent, et le peintre s'assit sur un pliant, que lui présenta le valet.

Ceux qui passaient derrière le couple immobile et
30 muet le regardaient d'un air attristé. Toute une légende
de dévouement courait. Il l'avait épousée malgré son
infirmité, touché par son amour, disait-on.

Non loin de là, deux jeunes hommes causaient, assis
sur un cabestan[1], et le regard perdu vers l'horizon.
35 « Non, ce n'est pas vrai ; je te dis que je connais
beaucoup Jean Summer.

— Mais alors, pourquoi l'a-t-il épousée ? Car elle était
déjà infirme, lors de son mariage, n'est-ce pas ?

— Parfaitement. Il l'a épousée... il l'a épousée... comme
40 on épouse, parbleu, par sottise !

— Mais encore ?...

— Mais encore... mais encore, mon ami. Il n'y a pas
d'encore. On est bête, parce qu'on est bête. Et puis, tu
sais bien que les peintres ont la spécialité des mariages
45 ridicules ; ils épousent presque tous des modèles, des
vieilles maîtresses, enfin des femmes avariées sous tous
les rapports. Pourquoi cela ? Le sait-on ? Il semblerait,
au contraire, que la fréquentation constante de cette
race de dindes[2] qu'on nomme les modèles aurait dû les
50 dégoûter à tout jamais de ce genre de femelles. Pas du
tout. Après les avoir fait poser, ils les épousent. Lis
donc ce petit livre, si vrai, si cruel et si beau, d'Alphonse
Daudet : *les Femmes d'artistes*[3].

Pour le couple que tu vois là, l'accident s'est produit

---

1. *Cabestan* : treuil à axe vertical sur lequel s'enroule un câble.
2. *Dindes* : femmes stupides.
3. *Les Femmes d'artistes* : recueil de nouvelles réalistes (paru en 1874) dont le pessimisme est proche de celui de Maupassant.

55 d'une façon spéciale et terrible. La petite femme a joué
une comédie ou plutôt un drame effrayant. Elle a risqué
le tout pour le tout, enfin. Était-elle sincère ? Aimait-
elle Jean ? Sait-on jamais cela ? Qui donc pourra
déterminer d'une façon précise ce qu'il y a d'âpreté[1] et
60 ce qu'il y a de réel dans les actes des femmes ? Elles
sont toujours sincères dans une éternelle mobilité
d'impressions. Elles sont emportées, criminelles,
dévouées, admirables, et ignobles, pour obéir à
d'insaisissables émotions. Elles mentent sans cesse, sans
65 le vouloir, sans le savoir, sans comprendre, et elles ont,
avec cela, malgré cela, une franchise absolue de sensations
et de sentiments qu'elles témoignent par des résolutions
violentes, inattendues, incompréhensibles, folles, qui
déroutent nos raisonnements, nos habitudes de
70 pondération[2] et toutes nos combinaisons égoïstes.
L'imprévu et la brusquerie de leurs déterminations font
qu'elles demeurent pour nous d'indéchiffrables énigmes.
Nous nous demandons toujours : "Sont-elles sincères ?
Sont-elles fausses ?"

75 Mais, mon ami, elles sont en même temps sincères
et fausses, parce qu'il est dans leur nature d'être les
deux à l'extrême et de n'être ni l'un ni l'autre.

Regarde les moyens qu'emploient les plus honnêtes
pour obtenir de nous ce qu'elles veulent. Ils sont
80 compliqués et simples, ces moyens. Si compliqués que
nous ne les devinons jamais à l'avance, si simples
qu'après en avoir été les victimes, nous ne pouvons

---

1. *Âpreté :* brutalité, rudesse.
2. *Pondération :* attitude réfléchie et modérée.

nous empêcher de nous en étonner et de nous dire :
"Comment ! elle m'a joué si bêtement que ça ?"

85   Et elles réussissent toujours, mon bon, surtout quand
il s'agit de se faire épouser.

Mais voici l'histoire de Summer.

La petite femme est un modèle, bien entendu. Elle
posait chez lui. Elle était jolie, élégante surtout, et
90 possédait, paraît-il, une taille divine. Il devint amoureux
d'elle, comme on devient amoureux de toute femme
un peu séduisante qu'on voit souvent. Il s'imagina qu'il
l'aimait de toute son âme. C'est là un singulier
phénomène. Aussitôt qu'on désire une femme, on croit
95 sincèrement qu'on ne pourra plus se passer d'elle
pendant tout le reste de sa vie. On sait fort bien que
la chose vous est déjà arrivée ; que le dégoût a toujours
suivi la possession ; qu'il faut, pour pouvoir user son
existence à côté d'un autre être, non pas un brutal
100 appétit physique, bien vite éteint, mais une accordance
d'âme, de tempérament et d'humeur. Il faut savoir
démêler, dans la séduction qu'on subit, si elle vient de
la forme corporelle, d'une certaine ivresse sensuelle ou
d'un charme profond de l'esprit.

105   Enfin, il crut qu'il l'aimait ; il lui fit un tas de
promesses de fidélité et il vécut complètement avec elle.

Elle était vraiment gentille, douée de cette niaiserie
élégante qu'ont facilement les petites Parisiennes. Elle
jacassait, elle babillait, elle disait des bêtises qui
110 semblaient spirituelles par la manière drôle dont elles
étaient débitées. Elle avait à tout moment des gestes
gracieux bien faits pour séduire un œil de peintre.
Quand elle levait les bras, quand elle se penchait, quand

elle montait en voiture, quand elle vous tendait la main,
115 ses mouvements étaient parfaits de justesse et d'à-
propos.

Pendant trois mois, Jean ne s'aperçut point qu'au
fond elle ressemblait à tous les modèles.

Ils louèrent pour l'été une petite maison à Andrésy.
120 J'étais là, un soir, quand germèrent les premières
inquiétudes dans l'esprit de mon ami.

Comme il faisait une nuit radieuse, nous voulûmes
faire un tour au bord de la rivière. La lune versait dans
l'eau frissonnante une pluie de lumière, émiettait ses
125 reflets jaunes dans les remous, dans le courant, dans
tout le large fleuve lent et fuyant.

Nous allions le long de la rive, un peu grisés par
cette vague exaltation que jettent en nous ces soirs de
rêve. Nous aurions voulu accomplir des choses
130 surhumaines, aimer des êtres inconnus, délicieusement
poétiques. Nous sentions frémir en nous des extases,
des désirs, des aspirations étranges. Et nous nous
taisions, pénétrés par la sereine et vivante fraîcheur de
la nuit charmante, par cette fraîcheur de la lune qui
135 semble traverser le corps, le pénétrer, baigner l'esprit,
le parfumer et le tremper de bonheur.

Tout à coup Joséphine (elle s'appelle Joséphine)
poussa un cri : "Oh ! as-tu vu le gros poisson qui a
sauté là-bas ?"
140 Il répondit sans regarder, sans savoir : "Oui, ma
chérie."

Elle se fâcha. "Non, tu ne l'as pas vu, puisque tu
avais le dos tourné."

Il sourit : "Oui, c'est vrai. Il fait si bon que je ne
145 pense à rien."

Elle se tut ; mais, au bout d'une minute, un besoin de parler la saisit, et elle demanda : "Iras-tu demain à Paris ?"

Il prononça : "Je n'en sais rien."

150 Elle s'irritait de nouveau : "Si tu crois que c'est amusant, ta promenade sans rien dire ! On parle, quand on n'est pas bête."

Il ne répondit pas. Alors, sentant bien, grâce à son instinct pervers de femme, qu'elle allait l'exaspérer, elle 155 se mit à chanter cet air irritant dont on nous a tant fatigué les oreilles et l'esprit depuis deux ans.

Je regardais en l'air[1].

Il murmura : "Je t'en prie, tais-toi."

Elle prononça, furieuse : "Pourquoi veux-tu que je 160 me taise ?"

Il répondit : "Tu nous gâtes le paysage."

Alors la scène arriva, la scène odieuse, imbécile, avec les reproches inattendus, les récriminations intempestives[2], puis les larmes. Tout y passa. Ils rentrèrent. Il l'avait 165 laissée aller, sans répliquer, engourdi par cette soirée divine, et atterré par cet orage de sottises.

Trois mois plus tard, il se débattait éperdument dans ces liens invincibles et invisibles, dont une habitude pareille enlace notre vie. Elle le tenait, l'opprimait, le 170 martyrisait. Ils se querellaient du matin au soir, s'injuriaient et se battaient.

À la fin, il voulut en finir, rompre à tout prix. Il

---

1. *Je regardais en l'air* : début de l'opérette de Robert Planquette, *les Cloches de Corneville*, créée en 1877.
2. *Intempestives* : malvenues.

vendit toutes ses toiles, emprunta de l'argent aux amis,
réalisa[1] vingt mille francs (il était encore peu connu) et
175 il les laissa un matin sur la cheminée avec une lettre
d'adieu.

Il vint se réfugier chez moi.

Vers trois heures de l'après-midi, on sonna. J'allai
ouvrir. Une femme me sauta au visage, me bouscula,
180 entra et pénétra dans mon atelier : c'était elle.

Il s'était levé en la voyant paraître.

Elle lui jeta aux pieds l'enveloppe contenant les billets
de banque, avec un geste vraiment noble, et, d'une voix
brève : "Voici votre argent. Je n'en veux pas."

185 Elle était fort pâle, tremblante, prête assurément à
toutes les folies. Quant à lui, je le voyais pâlir aussi,
pâlir de colère et d'exaspération, prêt, peut-être, à toutes
les violences.

Il demanda : "Qu'est-ce que vous voulez ?"

190 Elle répondit : "Je ne veux pas être traitée comme
une fille[2]. Vous m'avez implorée, vous m'avez prise. Je
ne vous demandais rien. Gardez-moi !"

Il frappa du pied : "Non, c'est trop fort ! Si tu crois
que tu vas..."

195 Je lui avais saisi le bras. "Tais-toi, Jean. Laisse-moi
faire."

J'allai vers elle, et doucement, peu à peu, je lui parlai
raison, je vidai le sac des arguments qu'on emploie en
pareille circonstance. Elle m'écoutait immobile, l'œil
200 fixe, obstinée et muette.

---

1. *Réalisa* : convertit un bien (ses toiles) en argent liquide.
2. *Fille* : ici, prostituée.

À la fin, ne sachant plus que dire, et voyant que la scène allait mal finir, je m'avisai d'un dernier moyen. Je prononçai : "Il t'aime toujours, ma petite ; mais sa famille veut le marier, et tu comprends !..."

205 Elle eut un sursaut : "Ah !... ah !... je comprends alors..."

Et, se tournant vers lui : "Tu vas... tu vas... te marier ?"

Il répondit carrément : "Oui."

210 Elle fit un pas : "Si tu te maries, je me tue... tu entends."

Il prononça en haussant les épaules : "Eh bien... tue-toi !"

Elle articula deux ou trois fois, la gorge serrée par 215 une angoisse effroyable : "Tu dis ?... tu dis ?... tu dis ?... répète !"

Il répéta : "Eh bien, tue-toi, si cela te fait plaisir !"

Elle reprit, toujours effrayante de pâleur : "Il ne faudrait pas m'en défier. Je me jetterais par la fenêtre."

220 Il se mit à rire, s'avança vers la fenêtre, l'ouvrit, et, saluant comme une personne qui fait des cérémonies pour ne point passer la première : "Voici la route. Après vous !"

Elle le regarda une seconde d'un œil fixe, terrible, 225 affolé ; puis, prenant son élan comme pour sauter une haie dans les champs, elle passa devant moi, devant lui, franchit la balustrade et disparut...

Je n'oublierai jamais l'effet que me fit cette fenêtre ouverte, après l'avoir vu traverser par ce corps qui 230 tombait ; elle me parut en une seconde grande comme le ciel et vide comme l'espace. Et je reculai instinctivement, n'osant pas regarder, comme si j'allais tomber moi-même.

Jean, éperdu, ne faisait pas un geste.

235 On rapporta la pauvre fille avec les deux jambes brisées. Elle ne marchera plus jamais.

Son amant, fou de remords et peut-être aussi de reconnaissance, l'a reprise et épousée.

Voilà, mon cher. »

240 Le soir venait. La jeune femme, ayant froid, voulut partir ; et le domestique se remit à rouler vers le village la petite voiture d'invalide. Le peintre marchait à côté de sa femme, sans qu'ils eussent échangé un mot, depuis une heure.

Première publication
dans le journal *le Gaulois,* 17 décembre 1883.
Repris dans le volume *le Rosier de Mme Husson,* en 1888.

Le Modèle

TEMPS ET LIEUX DE L'ACTION

1. Par qui l'histoire est-elle racontée ? À qui ? Quand ? Où ?

2. Où et quand l'histoire racontée s'est-elle déroulée ?

3. Quelle scène amorce le récit ? Quelle scène le termine ? À quel point de vue (voir p. 270) correspondent-elles ?

4. Combien de temps s'est-il écoulé entre le début et la fin du récit ?

TRAGÉDIE OU COMÉDIE

5. Comment est perçu le couple par ceux qui le croisent ? Citez le texte à l'appui de votre réponse.

6. Pourquoi Jean Summer a-t-il épousé l'infirme ?

7. Quel événement a provoqué le geste fatal de Joséphine ? Le récit repose sur une double énigme que Maupassant ne résout pas : laquelle ?

8. L'histoire vous paraît-elle ridicule ou dramatique ? Pourquoi ?

9. Joséphine a-t-elle joué la comédie ou était-elle sincère ? Justifiez votre opinion en l'appuyant sur des exemples extraits du texte.

10. La nature féminine : comparez le Modèle et Histoire vraie. Quelle(s) image(s) de la femme Maupassant donne-t-il ?

Le Petit Fût

Maître Chicot, l'aubergiste d'Épreville, arrêta son
tilbury[1] devant la ferme de la mère Magloire. C'était
un grand gaillard de quarante ans, rouge et ventru, et
qui passait pour malicieux[2].

5 Il attacha son cheval au poteau de la barrière, puis
il pénétra dans la cour. Il possédait un bien attenant
aux terres de la vieille, qu'il convoitait depuis longtemps.
Vingt fois il avait essayé de les acheter, mais la mère
Magloire s'y refusait avec obstination. « J'y sieus née,
10 j'y mourrai », disait-elle.

Il la trouva épluchant des pommes de terre devant
sa porte. Âgée de soixante-douze ans, elle était sèche,
ridée, courbée, mais infatigable comme une jeune fille.
Chicot lui tapa dans le dos avec amitié, puis s'assit près
15 d'elle sur un escabeau. « Eh bien ! la mère, et c'te
santé, toujours bonne ?

— Pas trop mal, et vous, maît' Prosper ?

— Eh ! eh ! quéques douleurs ; sans ça, ce s'rait à
satisfaction.

20 — Allons, tant mieux ! »

Et elle ne dit plus rien. Chicot la regardait accomplir
sa besogne. Ses doigts crochus, noués, durs comme des

---

1. *Tilbury* : cabriolet léger, du nom de son inventeur (mot d'origine
anglaise).
2. *Malicieux* : pervers, rusé (vieilli).

pattes de crabe, saisissaient à la façon de pinces les tubercules[1] grisâtres dans une manne[2], et vivement elle
25 les faisait tourner, enlevant de longues bandes de peau sous la lame d'un vieux couteau qu'elle tenait de l'autre main. Et, quand la pomme de terre était devenue toute jaune, elle la jetait dans un seau d'eau. Trois poules hardies s'en venaient l'une après l'autre jusque dans ses
30 jupes ramasser les épluchures, puis se sauvaient à toutes pattes, portant au bec leur butin.

Chicot semblait gêné, hésitant, anxieux, avec quelque chose sur la langue qui ne voulait pas sortir. À la fin, il se décida : « Dites donc, mère Magloire...
35 — Qué qu'i a pour votre service ?

— C'te ferme, vous n'voulez toujours point m'la vendre ?

— Pour ça non. N'y comptez point. C'est dit, c'est dit, n'y r'venez pas.
40 — C'est qu'j'ai trouvé un arrangement qui f'rait notre affaire à tous les deux.

— Qué qu'c'est ?

— Le v'là. Vous m'la vendez, et pi vous la gardez tout d'même. Vous n'y êtes point ? Suivez ma
45 raison[3]. »

La vieille cessa d'éplucher ses légumes et fixa sur l'aubergiste ses yeux vifs sous leurs paupières fripées.

Il reprit : « Je m'explique. J'vous donne chaque mois cent cinquante francs. Vous entendez bien : chaque

---

1. *Tubercules* : racines comestibles d'une plante.
2. *Manne* : grand panier d'osier.
3. *Ma raison* : mon raisonnement.

50 mois j'vous apporte ici, avec mon tilbury, trente écus
de cent sous[1]. Et pi n'y a rien de changé de plus, rien
de rien ; vous restez chez vous, vous n'vous occupez
point de mé, vous n'me d'vez rien. Vous n'faites que
prendre mon argent. Ça vous va-t-il ? »

55 Il la regardait d'un air joyeux, d'un air de bonne
humeur.

La vieille le considérait avec méfiance, cherchant le
piège. Elle demanda : « Ça, c'est pour mé ; mais pour
vous, c'te ferme, ça n'vous la donne point ? »

60 Il reprit : « N'vous tracassez point de ça. Vous restez
tant que l'bon Dieu vous laissera vivre. Vous êtes chez
vous. Seulement vous m'ferez un p'tit papier chez
l'notaire pour qu'après vous ça me revienne. Vous n'avez
point d'éfants, rien qu'des neveux que vous n'y tenez

65 guère. Ça vous va-t-il ? Vous gardez votre bien votre
vie durant, et j'vous donne trente écus de cent sous
par mois. C'est tout gain pour vous. »

La vieille demeurait surprise, inquiète, mais tentée.
Elle répliqua : « Je n'dis point non. Seulement, j'veux

70 m'faire une raison là-dessus. Rev'nez causer d'ça dans
l'courant d'l'autre semaine. J'vous f'rai une réponse
d'mon idée. »

Et maître Chicot s'en alla, content comme un roi qui
vient de conquérir un empire.

75 La mère Magloire demeura songeuse. Elle ne dormit
pas la nuit suivante. Pendant quatre jours, elle eut une
fièvre d'hésitation. Elle flairait bien quelque chose de

---

1. L'écu est une ancienne monnaie française. Le sou valait cinq
centimes.

mauvais pour elle là-dedans, mais la pensée des trente
écus par mois, de ce bel argent sonnant qui s'en
80 viendrait couler dans son tablier, qui lui tomberait
comme ça du ciel, sans rien faire, la ravageait de désir.

Alors elle alla trouver le notaire et lui conta son cas.
Il lui conseilla d'accepter la proposition de Chicot, mais
en demandant cinquante écus de cent sous au lieu de
85 trente, sa ferme valant au bas mot soixante mille francs.
« Si vous vivez quinze ans, disait le notaire, il ne la
paiera encore de cette façon, que quarante-cinq mille
francs. »

La vieille frémit à cette perspective de cinquante écus
90 de cent sous par mois ; mais elle se méfiait toujours,
craignant mille choses imprévues, des ruses cachées, et
elle demeura jusqu'au soir à poser des questions, ne
pouvant se décider à partir. Enfin elle ordonna de
préparer l'acte, et elle rentra troublée comme si elle eût
95 bu quatre pots[1] de cidre nouveau.

Quand Chicot vint pour savoir la réponse, elle se fit
longtemps prier, déclarant qu'elle ne voulait pas, mais
rongée par la peur qu'il ne consentît point à donner
les cinquante pièces de cent sous. Enfin, comme il
100 insistait, elle énonça ses prétentions.

Il eut un sursaut de désappointement et refusa.

Alors, pour le convaincre, elle se mit à raisonner sur
la durée probable de sa vie. « Je n'en ai pas pour pu
de cinq à six ans pour sûr. Me v'là sur mes soixante-
105 treize, et pas vaillante avec ça. L'aut'e soir, je crûmes

---

1. Le pot est une ancienne unité de mesure valant environ deux
litres.

que j'allais passer. Il me semblait qu'on me vidait l'corps, qu'il a fallu me porter à mon lit. »

Mais Chicot ne se laissait pas prendre. « Allons, allons, vieille pratique[1], vous êtes solide comme l'clocher
110 d'l'église. Vous vivrez pour le moins cent dix ans. C'est vous qui m'enterrerez, pour sûr. »

Tout le jour fut encore perdu en discussions. Mais, comme la vieille ne céda pas, l'aubergiste, à la fin, consentit à donner les cinquante écus.

115 Ils signèrent l'acte le lendemain. Et la mère Magloire exigea dix écus de pots-de-vin.

Trois ans s'écoulèrent. La bonne femme se portait comme un charme. Elle paraissait n'avoir pas vieilli d'un jour, et Chicot se désespérait. Il lui semblait, à
120 lui, qu'il payait cette rente depuis un demi-siècle, qu'il était trompé, floué, ruiné. Il allait de temps en temps rendre visite à la fermière, comme on va voir, en juillet, dans les champs, si les blés sont mûrs pour la faux. Elle le recevait avec une malice dans le regard. On eût
125 dit qu'elle se félicitait du bon tour qu'elle lui avait joué ; et il remontait bien vite dans son tilbury en murmurant : « Tu ne crèveras donc point, carcasse ! »

Il ne savait que faire. Il eût voulu l'étrangler en la voyant. Il la haïssait d'une haine féroce, sournoise,
130 d'une haine de paysan volé.

Alors il chercha des moyens.

---

1. *Vieille pratique* : vieille rusée (sous-entendu : bien connue).

Un jour enfin, il s'en revint la voir en se frottant les mains, comme il faisait la première fois lorsqu'il lui avait proposé le marché.

135 Et après avoir causé quelques minutes : « Dites donc, la mère, pourquoi que vous ne v'nez point dîner à la maison, quand vous passez à Épreville ? On en jase[1] ; on dit comme ça que j'sommes pu amis, et ça me fait deuil[2]. Vous savez, chez mé, vous ne paierez point.
140 J'suis pas regardant à un dîner. Tant que le cœur vous en dira, v'nez sans retenue, ça m'fera plaisir. »

La mère Magloire ne se le fit point répéter, et le surlendemain, comme elle allait au marché dans sa carriole conduite par son valet Célestin, elle mit sans
145 gêne son cheval à l'écurie chez maître Chicot, et réclama le dîner promis.

L'aubergiste, radieux, la traita comme une dame, lui servit du poulet, du boudin, de l'andouille, du gigot et du lard aux choux. Mais elle ne mangea presque rien,
150 sobre depuis son enfance, ayant toujours vécu d'un peu de soupe et d'une croûte de pain beurrée.

Chicot insistait, désappointé. Elle ne buvait pas non plus. Elle refusa de prendre du café.

Il demanda : « Vous accepterez toujours bien un p'tit
155 verre.

— Ah ! pour ça, oui. Je ne dis pas non. »

Et il cria de tous ses poumons, à travers l'auberge :

---

1. *Jase* : bavarde sans fin, de façon assez malveillante.
2. *Deuil* : ici, peine.

« Rosalie, apporte la fine, la surfine, le fil-en-dix[1]. »

Et la servante apparut, tenant une longue bouteille
160 ornée d'une feuille de vigne en papier.

Il emplit deux petits verres. « Goûtez ça, la mère,
c'est de la fameuse. »

Et la bonne femme se mit à boire tout doucement,
à petites gorgées, faisant durer le plaisir. Quand elle
165 eut vidé son verre, elle l'égoutta, puis déclara : « Ça oui,
c'est de la fine. »

Elle n'avait point fini de parler que Chicot lui en
versait un second coup. Elle voulut refuser, mais il était
trop tard, et elle le dégusta longuement, comme le
170 premier.

Il voulut alors lui faire accepter une troisième tournée,
mais elle résista. Il insistait : « Ça, c'est du lait, voyez-
vous ; mé, j'en bois dix, douze sans embarras. Ça passe
comme du sucre. Rien au ventre, rien à la tête ; on
175 dirait que ça s'évapore sur la langue. Y a rien de
meilleur pour la santé ! »

Comme elle en avait bien envie, elle céda, mais elle
n'en prit que la moitié du verre.

Alors Chicot, dans un élan de générosité, s'écria :
180 « T'nez, puisqu'elle vous plaît, j'vas vous en donner un
p'tit fût, histoire de vous montrer que j'sommes toujours
une paire d'amis. »

La bonne femme ne dit pas non et s'en alla, un peu
grise.

185 Le lendemain, l'aubergiste entra dans la cour de la

---

1. *Le fil-en-dix* : l'eau-de-vie la plus forte.

mère Magloire, puis tira du fond de sa voiture une petite barrique cerclée de fer. Puis il voulut lui faire goûter le contenu, pour prouver que c'était bien la même fine ; et, quand ils en eurent encore bu chacun
190 trois verres, il déclara, en s'en allant : « Et puis, vous savez, quand n'y en aura pu, y en a encore ; n'vous gênez point. Je n'suis pas regardant. Pu tôt que ce sera fini, pu que je serai content. »

Et il remonta dans son tilbury.

195 Il revint quatre jours plus tard. La vieille était devant sa porte, occupée à couper le pain de la soupe.

Le Petit Fût.
Illustration de G. Nick.
Bibliothèque nationale, Paris.

134

Il s'approcha, lui dit bonjour, lui parla dans le nez, histoire de sentir son haleine. Et il reconnut un souffle d'alcool. Alors son visage s'éclaira. « Vous m'offrirez
200 bien un verre de fil ? » dit-il.

Et ils trinquèrent deux ou trois fois.

Mais bientôt le bruit courut dans la contrée que la mère Magloire s'ivrognait toute seule. On la ramassait tantôt dans sa cuisine, tantôt dans sa cour, tantôt dans
205 les chemins des environs, et il fallait la rapporter chez elle, inerte comme un cadavre.

Chicot n'allait plus chez elle, et, quand on lui parlait de la paysanne, il murmurait avec un visage triste : « C'est-il pas malheureux, à son âge, d'avoir pris
210 c't'habitude-là ? Voyez-vous, quand on est vieux, y a pas de ressource. Ça finira bien par lui jouer un mauvais tour ! »

Ça lui joua un mauvais tour, en effet. Elle mourut l'hiver suivant, vers la Noël, étant tombée, soûle, dans
215 la neige.

Et maître Chicot hérita de la ferme, en déclarant : « C'te manante[1], si alle s'était point boissonnée, alle en avait bien pour dix ans de plus. »

Première publication
dans le journal *le Gaulois,* 7 avril 1884.
Repris dans le volume *les Sœurs Rondoli,* en 1884.

---

1. *Manante :* paysanne (péjoratif).

Le Petit Fût

L'ÉCOULEMENT DU TEMPS

1. Quel âge la mère Magloire a-t-elle au début de l'histoire ? Quel est celui de maître Chicot ?

2. Quelles sont les différentes parties du texte ? Combien de temps s'écoule-t-il pour chacune d'elles ?

3. Relevez les termes qui marquent les progrès de l'alcoolisme.

4. Comparez la situation initiale et la situation finale.

UN MARCHÉ DE DUPES

5. Quel est l'enjeu du marché ?

6. Quelles sont les propositions de maître Chicot ? Comment s'appelle juridiquement cet acte ?

7. Pourquoi la mère Magloire accepte-t-elle le marché ? Justifiez votre réponse.

8. Au début, quel est le plus malin des deux personnages ? Relevez quelques répliques caractéristiques de la sagesse paysanne.

MEURTRE SUR ORDONNANCE

9. En quoi la mère Magloire illustre-t-elle la psychologie et le comportement généralement attribués aux Normands ?

10. Comment réagit-elle lors du dîner offert par Chicot ? Pourquoi devient-elle une toxicomane ?

11. Quel aspect du caractère de Chicot la dernière phrase du texte révèle-t-elle (l. 217 - 218) ?

Le Crime au père Boniface

Ce jour-là le facteur Boniface, en sortant de la maison de poste, constata que sa tournée serait moins longue que de coutume, et il en ressentit une joie vive. Il était chargé de la campagne autour du bourg de Vireville, et, quand il revenait, le soir, de son long pas fatigué, il avait parfois plus de quarante kilomètres dans les jambes.

Donc la distribution serait vite faite ; il pourrait même flâner un peu en route et rentrer chez lui vers trois heures de relevée[1]. Quelle chance !

Il sortit du bourg par le chemin de Sennemare et commença sa besogne. On était en juin, dans le mois vert et fleuri, le vrai mois des plaines.

L'homme, vêtu de sa blouse bleue et coiffé d'un képi noir à galon rouge, traversait, par des sentiers étroits, les champs de colza, d'avoine ou de blé, enseveli jusqu'aux épaules dans les récoltes ; et sa tête, passant au-dessus des épis, semblait flotter sur une mer calme et verdoyante qu'une brise légère faisait mollement onduler.

Il entrait dans les fermes par la barrière de bois plantée dans les talus qu'ombrageaient deux rangées de hêtres, et saluant par son nom le paysan : « Bonjour,

---

1. *De relevée* : de l'après-midi.

maît' Chicot », il lui tendait son journal *le Petit Normand*[1].
25 Le fermier essuyait sa main à son fond de culotte, recevait la feuille de papier et la glissait dans sa poche pour la lire à son aise après le repas de midi. Le chien, logé dans un baril, au pied d'un pommier penchant, jappait avec fureur en tirant sur sa chaîne ; et le piéton[2],
30 sans se retourner, repartait de son allure militaire, en allongeant ses grandes jambes, le bras gauche sur sa sacoche, et le droit manœuvrant sur sa canne qui marchait comme lui d'une façon continue et pressée.

Il distribua ses imprimés et ses lettres dans le hameau
35 de Sennemare, puis il se remit en route à travers champs pour porter le courrier du percepteur qui habitait une petite maison isolée à un kilomètre du bourg.

C'était un nouveau percepteur, M. Chapatis, arrivé la semaine dernière et marié depuis peu.
40 Il recevait un journal de Paris, et, parfois, le facteur Boniface, quand il avait le temps, jetait un coup d'œil sur l'imprimé, avant de le remettre au destinataire.

Donc, il ouvrit sa sacoche, prit la feuille, la fit glisser hors de sa bande, la déplia, et se mit à lire tout en
45 marchant. La première page ne l'intéressait guère ; la politique le laissait froid ; il passait toujours la finance, mais les faits divers le passionnaient.

Ils étaient très nourris ce jour-là. Il s'émut même si vivement au récit d'un crime accompli dans le logis

---

1. *Le Petit Normand :* nom de journal imaginaire, comme les noms de lieux dans ce récit.
2. *Piéton :* désigne ici le facteur de campagne qui accomplit sa tournée à pied.

50 d'un garde-chasse, qu'il s'arrêta au milieu d'une pièce[1]
de trèfle, pour le relire lentement. Les détails étaient
affreux. Un bûcheron, en passant au matin auprès de
la maison forestière, avait remarqué un peu de sang
sur le seuil, comme si on avait saigné du nez. « Le
55 garde aura tué quelque lapin cette nuit », pensa-t-il ;
mais en approchant il s'aperçut que la porte demeurait
entrouverte et que la serrure avait été brisée.

Alors, saisi de peur, il courut au village prévenir le
maire, celui-ci prit comme renfort le garde champêtre
60 et l'instituteur : et les quatre hommes revinrent ensemble.
Ils trouvèrent le forestier égorgé devant la cheminée, sa
femme étranglée sous le lit, et leur petite fille, âgée de
six ans, étouffée entre deux matelas.

Le facteur Boniface demeura tellement ému à la
65 pensée de cet assassinat dont toutes les horribles
circonstances lui apparaissaient coup sur coup, qu'il se
sentit une faiblesse dans les jambes, et il prononça tout
haut : « Nom de nom, y a-t-il tout de même des gens
qui sont canailles[2] ! »

70 Puis il repassa le journal dans sa ceinture de papier
et repartit, la tête pleine de la vision du crime. Il
atteignit bientôt la demeure de M. Chapatis ; il ouvrit
la barrière du petit jardin et s'approcha de la maison.
C'était une construction basse, ne contenant qu'un rez-
75 de-chaussée, coiffé d'un toit mansardé. Elle était éloignée
de cinq cents mètres au moins de la maison la plus
voisine.

---

1. *Pièce :* ici, champ.
2. *Canailles :* sans moralité (sens fort).

Le facteur monta les deux marches du perron, posa
la main sur la serrure, essaya d'ouvrir la porte et
80 constata qu'elle était fermée. Alors, il s'aperçut que les
volets n'avaient point été ouverts, et que personne
encore n'était sorti ce jour-là.

Une inquiétude l'envahit, car M. Chapatis, depuis
son arrivée, s'était levé assez tôt. Boniface tira sa
85 montre. Il n'était encore que sept heures dix minutes
du matin, il se trouvait donc en avance de près d'une
heure. N'importe, le percepteur aurait dû être debout.

Alors il fit le tour de la demeure en marchant avec
précaution, comme s'il eût couru quelque danger. Il ne
90 remarqua rien de suspect, que des pas d'homme dans
une plate-bande de fraisiers.

Mais tout à coup, il demeura immobile, perclus[1]
d'angoisse, en passant devant une fenêtre. On gémissait
dans la maison.

95 Il s'approcha, et enjambant une bordure de thym,
colla son oreille contre l'auvent pour mieux écouter ;
assurément on gémissait. Il entendait fort bien de longs
soupirs douloureux, une sorte de râle, un bruit de lutte.
Puis, les gémissements devinrent plus forts, plus répétés,
100 s'accentuèrent encore, se changèrent en cris.

Alors Boniface, ne doutant plus qu'un crime
s'accomplissait en ce moment-là même, chez le
percepteur, partit à toutes jambes, retraversa le petit
jardin, s'élança à travers la plaine, à travers les récoltes,
105 courant à perdre haleine, secouant sa sacoche qui lui

---

1. *Perclus* : incapable de se mouvoir, pétrifié.

battait les reins, et il arriva, exténué, haletant, éperdu, à la porte de la gendarmerie.

Le brigadier Malautour raccommodait une chaise brisée, au moyen de pointes et d'un marteau. Le
110 gendarme Rautier tenait entre ses jambes le meuble avarié[1] et présentait un clou sur les bords de la cassure ; alors le brigadier, mâchant sa moustache, les yeux ronds et mouillés d'attention, tapait à tous coups sur les doigts de son subordonné.

115 Le facteur, dès qu'il les aperçut, s'écria : « Venez vite, on assassine le percepteur, vite, vite ! »

Les deux hommes cessèrent leur travail et levèrent la tête, ces têtes étonnées de gens qu'on surprend et qu'on dérange.

120 Boniface, les voyant plus surpris que pressés, répéta : « Vite, vite ! Les voleurs sont dans la maison, j'ai entendu les cris, il n'est que temps. »

Le brigadier, posant son marteau par terre, demanda : « Qu'est-ce qui vous a donné connaissance
125 de ce fait ? »

Le facteur reprit : « J'allais porter le journal avec deux lettres quand je remarquai que la porte était fermée et que le percepteur n'était pas levé. Je fis le tour de la maison pour me rendre compte, et j'entendis qu'on
130 gémissait comme si on eût étranglé quelqu'un ou qu'on lui eût coupé la gorge, alors je m'en suis parti au plus vite pour vous chercher. Il n'est que temps. »

Le brigadier se redressant, reprit : « Et vous n'avez pas porté secours en personne ? »

---

1. *Avarié* : endommagé.

135 Le facteur effaré répondit : « Je craignais de n'être pas en nombre suffisant. »

Alors le gendarme, convaincu, annonça : « Le temps de me vêtir et je vous suis. »

Et il entra dans la gendarmerie, suivi par son soldat
140 qui rapportait la chaise.

Ils reparurent presque aussitôt, et tous trois se mirent en route, au pas gymnastique, pour le lieu du crime.

En arrivant près de la maison, ils ralentirent leur allure par précaution, et le brigadier tira son revolver,
145 puis ils pénétrèrent tout doucement dans le jardin et s'approchèrent de la muraille. Aucune trace nouvelle n'indiquait que les malfaiteurs fussent partis. La porte demeurait fermée, les fenêtres closes.

« Nous les tenons », murmura le brigadier.

150 Le père Boniface, palpitant d'émotion, le fit passer de l'autre côté, et, lui montrant un auvent : « C'est là », dit-il.

Et le brigadier s'avança tout seul, et colla son oreille contre la planche. Les deux autres attendaient, prêts à
155 tout, les yeux fixés sur lui.

Il demeura longtemps immobile, écoutant. Pour mieux approcher sa tête du volet de bois, il avait ôté son tricorne[1] et le tenait de sa main droite.

Qu'entendait-il ? Sa figure impassible ne révélait rien,
160 mais soudain sa moustache se retroussa, ses joues se plissèrent comme pour un rire silencieux, et enjambant de nouveau la bordure de buis, il revint vers les deux hommes, qui le regardaient avec stupeur.

---

1. *Tricorne :* chapeau à trois bords relevés.

Puis il leur fit signe de le suivre en marchant sur la
165 pointe des pieds ; et, revenant devant l'entrée, il enjoignit
à Boniface de glisser sous la porte le journal et les
lettres.

Le facteur, interdit, obéit cependant avec docilité.

« Et maintenant, en route », dit le brigadier.

170 Mais dès qu'ils eurent passé la barrière, il se retourna
vers le piéton, et, d'un air goguenard, la lèvre narquoise,
l'œil retroussé et brillant de joie : « Que vous êtes un
malin, vous ? »

Le vieux demanda : « De quoi ? j'ai entendu, j'vous
175 jure que j'ai entendu. »

Mais le gendarme, n'y tenant plus, éclata de rire. Il
riait comme on suffoque, les deux mains sur le ventre,
plié en deux, l'œil plein de larmes, avec d'affreuses
grimaces autour du nez. Et les deux autres, affolés, le
180 regardaient.

Mais comme il ne pouvait parler, ni cesser de rire,
ni faire comprendre ce qu'il avait, il fit un geste, un
geste populaire et polisson.

Comme on ne le comprenait toujours pas, il le répéta,
185 plusieurs fois de suite, en désignant d'un signe de tête
la maison toujours close.

Et son soldat, comprenant brusquement à son tour,
éclata d'une gaieté formidable.

Le vieux demeurait stupide entre ces deux hommes,
190 qui se tordaient.

Le brigadier, à la fin, se calma, et lançant dans le
ventre du vieux une grande tape d'homme qui rigole,
il s'écria : « Ah ! farceur, sacré farceur, je le retiendrai
l'crime au père Boniface ! »

195 Le facteur ouvrait des yeux énormes et il répéta :
« J'vous jure que j'ai entendu. »

Le brigadier se remit à rire. Son gendarme s'était
assis sur l'herbe du fossé pour se tordre tout à son
aise.

200 « Ah ! t'as entendu. Et ta femme, c'est-il comme ça
que tu l'assassines, hein, vieux farceur ?

— Ma femme ?... »

Et il se mit à réfléchir longuement, puis il reprit :
« Ma femme... Oui, all' gueule quand j'y fiche des
205 coups... Mais all' gueule, que c'est gueuler, quoi. C'est-
il donc que M. Chapatis battait la sienne ? »

Alors le brigadier, dans un délire de joie le fit tourner
comme une poupée par les épaules, et il lui souffla
dans l'oreille quelque chose dont l'autre demeura abruti
210 d'étonnement.

Puis le vieux, pensif, murmura : « Non... point comme
ça..., point comme ça..., point comme ça..., all' n'dit
rien, la mienne... J'aurais jamais cru... si c'est possible...
on aurait juré une martyre... »

215 Et, confus, désorienté, honteux, il reprit son chemin
à travers les champs, tandis que le gendarme et le
brigadier, riant toujours et lui criant, de loin, de grasses
plaisanteries de caserne, regardaient s'éloigner son képi
noir, sur la mer tranquille des récoltes.

Première publication dans le journal *Gil Blas,* 24 juin 1884.
Repris dans le volume *Contes du jour et de la nuit,* en 1885.

Le Crime au père Boniface

LE CRIME

1. Quand ce récit est-il paru ?
2. Quand l'aventure se déroule-t-elle ?
3. Relevez les indices qui laissent pressentir un dénouement (voir p. 267) heureux.
4. Comment le titre de la nouvelle se justifie-t-il ?
5. Pourquoi comporte-t-il une faute de syntaxe (de grammaire) ?

UNE IMAGINATION DÉBORDANTE

6. Quelle est l'influence de la lecture sur Boniface ? Que s'imagine-t-il ? Est-il courageux ? A-t-il l'esprit vif ? Justifiez vos réponses à l'aide de citations du texte.

LES FONCTIONNAIRES

7. À quel corps de fonctionnaires appartient chacun des personnages de cette histoire ? Quelles sont leurs occupations ? Maupassant a été lui-même employé dans plusieurs ministères. Quels traits de caractère prête-t-il aux différents personnages mis en scène ?
8. Quel est le ton de ce récit ? Sur quelle impression se termine-t-il ?

Illustration de Pierre-Georges Jeanniot (né en 1848)
pour le conte *l'Aveu*.

L'Aveu

LE SOLEIL de midi tombe en large pluie sur les champs.
Ils s'étendent, onduleux, entre les bouquets d'arbres des
fermes, et les récoltes diverses, les seigles mûrs et les
blés jaunissants, les avoines d'un vert clair, les trèfles
d'un vert sombre, étalent un grand manteau rayé,
remuant et doux sur le ventre nu de la terre.

Là-bas, au sommet d'une ondulation, en rangée
comme des soldats, une interminable ligne de vaches,
les unes couchées, les autres debout, clignant leurs gros
yeux sous l'ardente lumière, ruminent et pâturent un
trèfle aussi vaste qu'un lac.

Et deux femmes, la mère et la fille, vont, d'une allure
balancée l'une devant l'autre, par un étroit sentier creusé
dans les récoltes, vers ce régiment de bêtes.

Elles portent chacune deux seaux de zinc maintenus
loin du corps par un cerceau de barrique ; et le métal,
à chaque pas qu'elles font, jette une flamme éblouissante
et blanche sous le soleil qui le frappe.

Elles ne parlent point. Elles vont traire les vaches.
Elles arrivent, posent à terre un seau, et s'approchent
des deux premières bêtes, qu'elles font lever d'un coup
de sabot dans les côtes. L'animal se dresse, lentement,
d'abord sur ses jambes de devant, puis soulève avec
plus de peine sa large croupe, qui semble alourdie par
l'énorme mamelle de chair blonde et pendante.

Et les deux Malivoire, mère et fille, à genoux sous
le ventre de la vache, tirent par un vif mouvement des

mains sur le pis gonflé, qui jette, à chaque pression,
un mince fil de lait dans le seau. La mousse un peu
30 jaune monte aux bords et les femmes vont de bête en
bête jusqu'au bout de la longue file.

Dès qu'elles ont fini d'en traire une, elles la déplacent,
lui donnant à pâturer un bout de verdure intacte.

Puis elles repartent, plus lentement, alourdies par la
35 charge du lait, la mère devant, la fille derrière.

Mais celle-ci brusquement s'arrête, pose son fardeau,
s'assied et se met à pleurer.

La mère Malivoire, n'entendant plus marcher, se
retourne et demeure stupéfaite. « Qué qu't'as ? » dit-
40 elle.

Et la fille, Céleste, une grande rousse aux cheveux
brûlés, aux joues brûlées, tachées de son comme si des
gouttes de feu lui étaient tombées sur le visage, un jour
qu'elle peinait au soleil, murmura en geignant [1]
45 doucement comme font les enfants battus : « Je n'peux
pu porter mon lait ! »

La mère la regardait d'un air soupçonneux. Elle
répéta : « Qué qu't'as ? »

Céleste reprit, écroulée par terre entre ses deux seaux,
50 et se cachant les yeux avec son tablier : « Ça me tire
trop. Je ne peux pas. »

La mère, pour la troisième fois, reprit : « Qué que
t'as donc ? »

Et la fille gémit : « Je crois ben que me v'là
55 grosse [2]. »

---

1. *En geignant* : en pleurnichant.
2. *Grosse* : enceinte.

Et elle sanglota.

La vieille à son tour posa son fardeau, tellement interdite qu'elle ne trouvait rien. Enfin elle balbutia : « Te... te... te v'là grosse, manante[1], c'est-il ben
60 possible ? »

C'étaient de riches fermiers les Malivoire, des gens cossus, posés, respectés, malins et puissants.

Céleste bégaya : « J'crais ben que oui, tout de même. »

65 La mère effarée regardait sa fille abattue devant elle et larmoyant. Au bout de quelques secondes elle cria : « Te v'là grosse ! Te v'là grosse ! Où qu't'as attrapé ça, roulure[2] ? »

Et Céleste, toute secouée par l'émotion, murmura :
70 « J'crais ben que c'est dans la voiture à Polyte. »

La vieille cherchait à comprendre, cherchait à deviner, cherchait à savoir qui avait pu faire ce malheur à sa fille. Si c'était un gars bien riche et bien vu, on verrait à s'arranger. Il n'y aurait encore que demi-mal ; Céleste
75 n'était pas la première à qui pareille chose arrivait ; mais ça la contrariait tout de même, vu les propos et leur position.

Elle reprit : « Et qué que c'est qui t'a fait ça, salope ? »

80 Et Céleste, résolue à tout dire, balbutia : « J'crais ben qu'c'est Polyte. »

Alors la mère Malivoire, affolée de colère, se rua sur

---

1. *Manante* : paysanne (péjoratif).
2. *Roulure* : femme dépravée (registre populaire, voir p. 270).

sa fille et se mit à la battre avec une telle frénésie qu'elle en perdit son bonnet.

85 Elle tapait à grands coups de poing sur la tête, sur le dos, partout ; et Céleste, tout à fait allongée entre les deux seaux, qui la protégeaient un peu, cachait seulement sa figure entre ses mains.

Toutes les vaches, surprises, avaient cessé de pâturer, 90 et, s'étant retournées, regardaient de leurs gros yeux. La dernière meugla, le mufle tendu vers les femmes.

Après avoir tapé jusqu'à perdre haleine, la mère Malivoire, essoufflée, s'arrêta ; et, reprenant un peu ses esprits, elle voulu se rendre tout à fait compte de la 95 situation : « Polyte ! Si c'est Dieu possible ! Comment que t'as pu, avec un cocher de diligence. T'avais-ti perdu les sens ? Faut qu'i t'ait jeté un sort, pour sûr, un propre-à-rien ? »

Et Céleste, toujours allongée, murmura dans la 100 poussière : « J'y payais point la voiture ! »

Et la vieille Normande comprit.

Toutes les semaines, le mercredi et le samedi, Céleste allait porter au bourg les produits de la ferme, la volaille, la crème et les œufs.

105 Elle partait dès sept heures avec ses deux vastes paniers aux bras, le laitage dans l'un, les poulets dans l'autre ; et elle allait attendre sur la grand-route la voiture de poste d'Yvetot.

Elle posait à terre ses marchandises et s'asseyait dans 110 le fossé, tandis que les poules au bec court et pointu, et les canards au bec large et plat, passant la tête à travers les barreaux d'osier, regardaient de leur œil rond, stupide et surpris.

Bientôt la guimbarde[1], sorte de coffre jaune coiffé
115 d'une casquette de cuir noir, arrivait, secouant son cul
au trot saccadé d'une rosse[2] blanche.

Et Polyte le cocher, un gros garçon réjoui, ventru
bien que jeune, et tellement cuit par le soleil, brûlé par
le vent, trempé par les averses, et teinté par l'eau-de-
120 vie qu'il avait la face et le cou couleur de brique, criait
de loin en faisant claquer son fouet : « Bonjour
mam'zelle Céleste. La santé, ça va-t-il ? »

Elle lui tendait, l'un après l'autre, ses paniers qu'il
casait sur l'impériale ; puis elle montait en levant haut
125 la jambe pour atteindre le marchepied, en montrant un
fort mollet vêtu d'un bas bleu.

Et chaque fois Polyte répétait la même plaisanterie :
« Mazette, il n'a pas maigri. »

Et elle riait, trouvant ça drôle.

130 Puis il lançait un « Hue cocotte », qui remettait en
route son maigre cheval. Alors Céleste, atteignant son
porte-monnaie dans le fond de sa poche, en tirait
lentement dix sous, six sous pour elle et quatre pour
les paniers, et les passait à Polyte par-dessus l'épaule.
135 Il les prenait en disant : « C'est pas encore pour
aujourd'hui, la rigolade ? »

Et il riait de tout son cœur en se retournant vers
elle pour la regarder à son aise.

Il lui en coûtait beaucoup à elle, de donner chaque
140 fois ce demi-franc pour trois kilomètres de route. Et
quand elle n'avait pas de sous, elle en souffrait davantage

---

1. *Guimbarde :* vieille voiture.
2. *Rosse :* mauvais cheval (familier).

encore, ne pouvant se décider à allonger une pièce d'argent.

Et un jour, au moment de payer, elle demanda : « Pour une bonne pratique[1] comme mé, vous devriez bien ne prendre que six sous ? »

Il se mit à rire : « Six sous, ma belle, vous valez mieux que ça, pour sûr. »

Elle insistait : « Ça vous fait pas moins deux francs par mois. »

Il cria en tapant sur sa rosse : « T'nez, j'suis coulant, j'vous passerai ça pour une rigolade. »

Elle demanda d'un air niais : « Qué que c'est que vous dites ? »

Il s'amusait tellement qu'il toussait à force de rire. « Une rigolade, c'est une rigolade, pardi, une rigolade fille et garçon, en avant deux sans musique. »

Elle comprit, rougit, et déclara : « Je n'suis pas de ce jeu-là, m'sieu Polyte. »

Mais il ne s'intimida pas, et il répétait, s'amusant de plus en plus : « Vous y viendrez, la belle, une rigolade fille et garçon ! »

Et depuis lors, chaque fois qu'elle le payait, il avait pris l'usage de demander : « C'est pas encore pour aujourd'hui la rigolade ? »

Elle plaisantait aussi là-dessus, maintenant, et elle répondait : « Pas pour aujourd'hui, m'sieu Polyte, mais c'est pour samedi, pour sûr alors ! »

---

1. *Pratique* : ici, cliente.

Et il criait en riant toujours : « Entendu pour samedi,
170 ma belle. »

Mais elle calculait en dedans que, depuis deux ans
que durait la chose, elle avait bien payé quarante-huit
francs à Polyte, et quarante-huit francs à la campagne
ne se trouvent pas dans une ornière[1] ; et elle calculait
175 aussi que dans deux années encore elle aurait payé près
de cent francs.

Si bien qu'un jour, un jour de printemps qu'ils étaient
seuls, comme il demandait selon sa coutume : « C'est
pas encore pour aujourd'hui, la rigolade ? »
180 Elle répondit : « À vot' désir m'sieu Polyte. »

Il ne s'étonna pas du tout et enjamba la banquette
de derrière en murmurant d'un air content : « Et allons
donc. J'savais ben qu'on y viendrait. »

Et le vieux cheval blanc se mit à trottiner d'un train
185 si doux qu'il semblait danser sur place, sourd à la voix
qui criait parfois du fond de la voiture : « Hue donc,
cocotte. Hue donc, cocotte. »

Trois mois plus tard Céleste s'aperçut qu'elle était
grosse.

190 Elle avait dit tout cela d'une voix larmoyante, à sa
mère. Et la vieille, pâle de fureur, demanda : « Combien
que ça y a coûté, alors ? »

Céleste répondit : « Quat' mois, ça fait huit francs,
pour sûr. »
195 Alors la rage de la campagnarde se déchaîna

---

1. *Ornière* : trace laissée dans le sol des chemins par les roues des
voitures.

éperdument, et retombant sur sa fille elle la rebattit
jusqu'à perdre le souffle. Puis, s'étant relevée : « Y as-
tu dit, que t'étais grosse ?

— Mais non, pour sûr.

200 — Pourqué que tu y as point dit ?

— Parce qu'i m'aurait fait r'payer p'têtre ben ! »

Et la vieille songea, puis, reprenant ses seaux : « Allons,
lève-té, et tâche à v'nir. »

Puis, après un silence, elle reprit : « Et pis n'li dis
205 rien tant qu'i n'verra point ; que j'y gagnions ben six
ou huit mois ! »

Et Céleste, s'étant redressée, pleurant encore, décoiffée
et bouffie, se remit en marche d'un pas lourd, en
murmurant : « Pour sûr que j'y dirai point. »

Première publication dans le journal *Gil Blas,* 22 juillet 1884.
Repris dans le volume *Contes du jour et de la nuit,* en 1885.

L'Aveu

LE RÉCIT

1. Donnez un titre à chacune des trois parties.

2. Subdivisez-les en séquences et justifiez votre découpage.

3. Étudiez l'emploi des temps dans ce texte.

4. Relevez les métaphores et comparaisons des deux premiers paragraphes. Quel lien symbolique y a-t-il entre ces images et le contenu de l'histoire ?

5. Qui sont les personnages ? Classez dans un tableau leurs caractéristiques physiques, morales et sociales.

6. Comment les rapports hiérarchiques entre Polyte, Céleste et sa mère sont-ils indiqués ? Citez le texte à l'appui de votre réponse.

LA MORALE

7. Quelles sont les connotations (voir p. 267) du mot « aveu » ? Quel événement provoque la confession de Céleste ?

8. Comment sa mère réagit-elle ? À votre avis, son comportement se justifie-t-il ?

9. Expliquez ce que « la vieille Normande comprit » (l. 101).

10. Pour quelles raisons Céleste a-t-elle cédé à Polyte ?

11. La chute (voir p. 267) de l'histoire vous paraît-elle logique ? Peut-on considérer cette fin comme moralisatrice ? Qu'a voulu dénoncer Maupassant ?

12. Imaginez une autre conclusion pour cette histoire.

Bateaux échoués (1874). D.R.
Tableau de Claude Monet (1840-1926). Coll. part.

Le Retour

La mer fouette la côte de sa vague courte et monotone.
De petits nuages blancs passent vite à travers le grand
ciel bleu, emportés par le vent rapide, comme des
oiseaux ; et le village, dans le pli du vallon qui descend
5   vers l'océan, se chauffe au soleil.

Tout à l'entrée, la maison des Martin-Lévesque, seule,
au bord de la route. C'est une petite demeure de
pêcheur, aux murs d'argile, au toit de chaume empanaché
d'iris[1] bleus. Un jardin large comme un mouchoir, où
10 poussent des oignons, quelques choux, du persil, du
cerfeuil, se carre devant la porte. Une haie le clôt le
long du chemin.

L'homme est à la pêche, et la femme, devant la
loge[2], répare les mailles d'un grand filet brun, tendu
15 sur le mur ainsi qu'une immense toile d'araignée. Une
fillette de quatorze ans, à l'entrée du jardin, assise sur
une chaise de paille, penchée en arrière et appuyée du
dos à la barrière, raccommode du linge, du linge de
pauvre, rapiécé, reprisé déjà. Une autre gamine, plus
20 jeune d'un an, berce dans ses bras un enfant tout petit,
encore sans gestes et sans parole ; et deux mioches de
deux et trois ans, le derrière dans la terre, nez à nez,

---

1. Des iris étaient parfois plantés au sommet des toits de chaume
pour leur éviter de pourrir.
2. *Loge* : baraque, petite maison.

jardinent de leurs mains maladroites et se jettent des poignées de poussière dans la figure.

25 Personne ne parle. Seul le moutard qu'on essaie d'endormir pleure d'une façon continue, avec une petite voix aigre et frêle. Un chat dort sur la fenêtre ; et des giroflées épanouies font, au pied du mur, un beau bourrelet de fleurs blanches, sur qui bourdonne un
30 peuple de mouches.

La fillette qui coud près de l'entrée appelle tout à coup : « M'man ! »

La mère répond : « Qué qu't'as ?

— Le r'voilà. »

35 Elles sont inquiètes depuis le matin, parce qu'un homme rôde autour de la maison : un vieux homme qui a l'air d'un pauvre. Elles l'ont aperçu comme elles allaient conduire le père à son bateau, pour l'embarquer. Il était assis sur le fossé, en face de leur porte. Puis,
40 quand elles sont revenues de la plage, elles l'ont retrouvé là, qui regardait la maison.

Il semblait malade et très misérable. Il n'avait pas bougé pendant plus d'une heure ; puis, voyant qu'on le considérait comme un malfaiteur, il s'était levé et
45 était parti en traînant la jambe.

Mais bientôt elles l'avaient vu revenir de son pas lent et fatigué ; et il s'était encore assis, un peu plus loin cette fois, comme pour les guetter.

La mère et les fillettes avaient peur. La mère surtout
50 se tracassait parce qu'elle était d'un naturel craintif, et que son homme, Lévesque, ne devait revenir de la mer qu'à la nuit tombante.

Son mari s'appelait Lévesque ; elle, on la nommait Martin, et on les avait baptisés les Martin-Lévesque.

55 Voici pourquoi : elle avait épousé en premières noces
un matelot du nom de Martin, qui allait tous les étés
à Terre-Neuve, à la pêche de la morue.

Après deux années de mariage, elle avait de lui une
petite fille et elle était encore grosse[1] de six mois quand
60 le bâtiment qui portait son mari, les *Deux-Sœurs,* un
trois-mâts barque[2] de Dieppe, disparut.

On n'en eut jamais aucune nouvelle ; aucun des
marins qui le montaient ne revint ; on le considéra
donc comme perdu corps et biens.

65 La Martin attendit son homme pendant dix ans,
élevant à grand-peine ses deux enfants ; puis, comme
elle était vaillante et bonne femme, un pêcheur du pays,
Lévesque, veuf avec un garçon, la demanda en mariage.
Elle l'épousa, et eut encore de lui deux enfants en trois
70 ans.

Ils vivaient péniblement, laborieusement. Le pain était
cher et la viande presque inconnue dans la demeure.
On s'endettait parfois chez le boulanger, en hiver,
pendant les mois de bourrasques. Les petits se portaient
75 bien, cependant. On disait : « C'est des braves gens,
les Martin-Lévesque. La Martin est dure à la peine, et
Lévesque n'a pas son pareil pour la pêche. »

La fillette assise à la barrière reprit : « On dirait qu'y
nous connaît. C'est p't-être ben quéque pauvre d'Épreville
80 ou d'Auzebosc. »

---

1. *Grosse :* enceinte.
2. *Trois-mâts barque :* navire aux voiles carrées sur les mâts de l'avant.

Mais la mère ne s'y trompait pas. Non, non, ça n'était pas quelqu'un du pays, pour sûr !

Comme il ne remuait pas plus qu'un pieu[1], et qu'il fixait ses yeux avec obstination sur le logis des Martin-
85 Lévesque, la Martin devint furieuse et, la peur la rendant brave, elle saisit une pelle et sortit devant la porte.

« Qué que vous faites là ? » cria-t-elle au vagabond.

Il répondit d'une voix enrouée : « J'prends la fraîche, donc ! J'vous fais-ti tort ? »

90 Elle reprit : « Pourqué qu'vous êtes quasiment en espionance devant ma maison ? »

L'homme répliqua : « Je n'fais d'mal à personne. C'est-i point permis d's'asseoir sur la route ? »

Ne trouvant rien à répondre, elle rentra chez elle.

95 La journée s'écoula lentement. Vers midi, l'homme disparut. Mais il repassa vers cinq heures. On ne le vit plus dans la soirée.

Lévesque rentra à la nuit tombée. On lui dit la chose. Il conclut : « C'est quéque fouineur[2] ou quéque
100 malicieux[3]. »

Et il se coucha sans inquiétude, tandis que sa compagne songeait à ce rôdeur qui l'avait regardée avec des yeux si drôles.

Quand le jour vint, il faisait grand vent, et le matelot,
105 voyant qu'il ne pourrait prendre la mer, aida sa femme à raccommoder ses filets.

Vers neuf heures, la fille aînée, une Martin, qui était

---

1. *Pieu :* piquet.
2. *Fouineur :* personne rusée, indiscrète.
3. *Malicieux :* malintentionné.

allée chercher du pain, rentra en courant, la mine
effarée, et cria : « M'man, le r'voilà ! »

110   La mère eut une émotion, et, toute pâle, dit à son
homme : « Va li parler, Lévesque, pour qu'il ne nous
guette point comme ça, parce que, mé, ça me tourne
les sens. »

Et Lévesque, un grand matelot au teint de brique, à
115   la barbe drue et rouge, à l'œil bleu percé d'un point
noir, au cou fort, enveloppé toujours de laine, par
crainte du vent et de la pluie au large, sortit
tranquillement et s'approcha du rôdeur.

Et ils se mirent à parler.

120   La mère et les enfants les regardaient de loin, anxieux
et frémissants.

Tout à coup, l'inconnu se leva et s'en vint, avec
Lévesque, vers la maison.

La Martin, effarée, se reculait. Son homme lui dit :
125   « Donne li un p'tieu de pain et un verre de cidre.
I n'a rien mâqué[1] depuis avant-hier. »

Et ils entrèrent tous deux dans le logis, suivis de la
femme et des enfants. Le rôdeur s'assit et se mit à
manger, la tête baissée sous tous les regards.

130   La mère, debout, le dévisageait ; les deux grandes
filles, les Martin, adossées à la porte, l'une portant le
dernier enfant, plantaient sur lui leurs yeux avides, et
les deux mioches, assis dans les cendres de la cheminée,
avaient cessé de jouer avec la marmite noire, comme
135   pour contempler aussi cet étranger.

---

1. *Mâqué :* mangé (forme dialectale, c'est-à-dire variante régionale
d'un mot français).

Lévesque, ayant pris une chaise, lui demanda : « Alors vous v'nez de loin ?

— J'viens d'Sète.

— À pied, comme ça ?...

140 — Oui, à pied. Quand on n'a pas les moyens, faut ben.

— Oùsque vous allez donc ?

— J'allais t'ici.

— Vous y connaissez quéqu'un ?

145 — Ça se peut ben. »

Ils se turent. Il mangeait lentement, bien qu'il fût affamé, et il buvait une gorgée de cidre après chaque bouchée de pain. Il avait un visage usé, ridé, creux partout, et semblait avoir beaucoup souffert.

150 Lévesque lui demanda brusquement : « Comment que vous vous nommez ? »

Il répondit sans lever le nez : « Je me nomme Martin. »

Un étrange frisson secoua la mère. Elle fit un pas, 155 comme pour voir de plus près le vagabond, et demeura en face de lui, les bras pendants, la bouche ouverte. Personne ne disait plus rien. Lévesque enfin reprit : « Êtes-vous d'ici ? »

Il répondit : « J'suis d'ici. »

160 Et comme il levait enfin la tête, les yeux de la femme et les siens se rencontrèrent et demeurèrent fixes, mêlés, comme si les regards se fussent accrochés.

Et elle prononça tout à coup, d'une voix changée, basse, tremblante : « C'est-y té, mon homme ? »

165 Il articula lentement : « Oui, c'est mé. »

Il ne remua pas, continuant à mâcher son pain.

Lévesque, plus surpris, qu'ému, balbutia : « C'est té, Martin ? »

L'autre dit simplement : « Oui, c'est mé. »

170 Et le second mari demanda : « D'où que tu d'viens donc ? »

Le premier raconta : « D'la côte d'Afrique. J'ons sombré sur un banc. J'nous sommes ensauvés à trois, Picard, Vatinel et mé. Et pi j'avons été pris par des sauvages qui nous ont tenus douze ans. Picard et Vatinel sont morts. C'est un voyageur anglais qui m'a pris-t-en passant et qui m'a reconduit à Sète. Et me v'là. »

La Martin s'était mise à pleurer, la figure dans son tablier.

180 Lévesque prononça : « Qué que j'allons fé, à c't'heure ? »

Martin demanda : « C'est té qu'es s'n homme ? »

Lévesque répondit : « Oui, c'est mé ! »

Ils se regardèrent et se turent.

185 Alors, Martin, considérant les enfants en cercle autour de lui, désigna d'un coup de tête les deux fillettes. « C'est-i' les miennes ? »

Lévesque dit : « C'est les tiennes. »

Il ne se leva point ; il ne les embrassa point ; il 190 constata seulement : « Bon Dieu, qu'a sont grandes ! »

Lévesque répéta : « Qué que j'allons fé ? »

Martin, perplexe, ne savait guère plus. Enfin il se décida : « Moi, j'f'rai à ton désir. Je n'veux pas t'faire tort. C'est contrariant tout de même, vu la maison. J'ai 195 deux éfants, tu n'as trois, chacun les siens. La mère, c'est-ti à té, c'est-ti à mé ? J'suis consentant à ce qui te plaira ; mais la maison, c'est à mé, vu qu'mon père me l'a laissée, que j'y sieus né, et qu'elle a des papiers chez le notaire. »

200 La Martin pleurait toujours, par petits sanglots cachés dans la toile bleue du tablier. Les deux grandes fillettes s'étaient rapprochées et regardaient leur père avec inquiétude.

Il avait fini de manger. Il dit à son tour : « Qué que 205 j'allons fé ? »

Lévesque eut une idée : « Faut aller chez l'curé, i' décidera. »

Martin se leva, et comme il s'avançait vers sa femme, elle se jeta sur sa poitrine en sanglotant : « Mon 210 homme ! te v'là ! Martin, mon pauvre Martin, te v'là ! »

Et elle le tenait à pleins bras, traversée brusquement par un souffle d'autrefois, par une grande secousse de souvenirs qui lui rappelaient ses vingt ans et ses 215 premières étreintes.

Martin, ému lui-même, l'embrassait sur son bonnet. Les deux enfants, dans la cheminée, se mirent à hurler ensemble en entendant pleurer leur mère, et le dernier-né, dans les bras de la seconde des Martin, clama d'une 220 voix aiguë comme un fifre[1] faux.

Lévesque, debout, attendait : « Allons, dit-il, faut se mettre en règle. »

Martin lâcha sa femme, et, comme il regardait ses deux filles, la mère leur dit : « Baisez vot' pé, au 225 moins. »

---

1. *Fifre :* petite flûte au son aigu.

Elles s'approchèrent en même temps, l'œil sec, étonnées, un peu craintives. Et il les embrassa l'une après l'autre, sur les deux joues, d'un gros bécot[1] paysan. En voyant approcher cet inconnu le petit enfant poussa
230 des cris si perçants qu'il faillit être pris de convulsions.

Puis les deux hommes sortirent ensemble.

Comme ils passaient devant le café du Commerce, Lévesque demanda : « Si je prenions toujours une goutte ?
235 — Moi, j'veux ben », déclara Martin.

Ils entrèrent, s'assirent dans la pièce encore vide et Lévesque cria : « Eh ! Chicot, deux fil-en-six[2], de la bonne, c'est Martin qu'est r'venu, Martin, celui à ma femme, tu sais ben, Martin des *Deux-Sœurs,* qu'était
240 perdu. »

Et le cabaretier, trois verres d'une main, un carafon de l'autre, s'approcha, ventru, sanguin, bouffi de graisse, et demanda d'un air tranquille : « Tiens ! te v'là donc, Martin ? »
245 Martin répondit : « Mé v'là !... »

Première publication
dans le journal *le Gaulois,* 28 juillet 1884.
Repris dans le volume *Yvette,* en 1884.

---

1. *Bécot :* baiser (familier).
2. *Fil-en-six :* eau-de-vie.

Le Retour

DE « BRAVES GENS »

1. De combien de personnes est constituée la famille des Martin-Lévesque ?

2. Comment vivent-ils ? Quelles sont les activités des femmes ?

3. Dans quels passages est-il fait allusion à l'argent, aux biens matériels ?

L'INTRUS

4. Relevez les mots qui traduisent l'inquiétude suscitée par la présence de Martin. Quelles sont les réactions des différents personnages à son égard ?

5. Comment et à quelle ligne apprend-on qui il est ?

6. La scène de reconnaissance est-elle traitée sur le mode tragique ou parodique (caricatural et un peu ridicule) ? Justifiez votre réponse.

LA SITUATION FINALE

7. Que veut récupérer Martin ? Que pensez-vous de ce choix ?

8. Pourquoi Martin et Lévesque décident-ils de s'adresser au curé ? Que font-ils finalement ?

9. L'ordre initial est-il rétabli ? Pourquoi ?

10. Imaginez une suite à l'histoire.

L'Abandonné

« Vraiment, je te crois folle, ma chère amie, d'aller te promener dans la campagne par un pareil temps. Tu as, depuis deux mois, de singulières idées. Tu m'amènes, bon gré, mal gré, au bord de la mer, alors que jamais,
5 depuis quarante-cinq ans que nous sommes mariés, tu n'avais eu pareille fantaisie. Tu choisis d'autorité Fécamp, une triste ville, et te voilà prise d'une telle rage de locomotion, toi qui ne remuais jamais, que tu veux te promener à travers champs par le jour le plus chaud
10 de l'année. Dis à d'Apreval de t'accompagner, puisqu'il se prête à tous tes caprices. Quant à moi, je rentre faire la sieste. »

Mme de Cadour se tourna vers son ancien ami : « Venez-vous avec moi, d'Apreval ? »

15 Il s'inclina, en souriant, avec une galanterie du temps passé : « Où vous irez, j'irai », dit-il.

« Eh bien, allez attraper une insolation », déclara M. de Cadour. Et il rentra dans l'hôtel des Bains pour s'étendre une heure ou deux sur son lit.

20 Dès qu'ils furent seuls, la vieille femme et son vieux compagnon se mirent en route. Elle dit, très bas, en lui serrant la main : « Enfin ! — enfin ! »

Il murmura : « Vous êtes folle. Je vous assure que vous êtes folle. Songez à ce que vous risquez. Si cet
25 homme... »

Elle eut un sursaut : « Oh ! Henri, ne dites pas : "Cet homme", en parlant de lui. »

Il reprit, d'un ton brusque : « Eh bien ! si notre fils

167

se doute de quelque chose, s'il nous soupçonne, il vous
30 tient, il nous tient. Vous vous êtes bien passée de le
voir depuis quarante ans. Qu'avez-vous aujourd'hui ? »

Ils avaient suivi la longue rue qui va de la mer à la
ville. Ils tournèrent à droite pour monter la côte
d'Étretat. La route blanche se déroulait sous une pluie
35 brûlante de soleil.

Ils allaient lentement sous l'ardente chaleur, à petits
pas. Elle avait passé son bras sous celui de son ami, et
elle regardait droit devant elle d'un regard fixe, hanté !

Elle prononça : « Ainsi, vous ne l'avez jamais revu
40 non plus ?

— Non, jamais !

— Est-ce possible ?

— Ma chère amie, ne recommençons point cette
éternelle discussion. J'ai une femme et des enfants,
45 comme vous avez un mari, nous avons donc l'un et
l'autre tout à craindre de l'opinion[1]. »

Elle ne répondit point. Elle songeait à sa jeunesse
lointaine, aux choses passées, si tristes.

On l'avait mariée, comme on marie les jeunes filles[2].
50 Elle ne connaissait guère son fiancé, un diplomate, et
elle vécut avec lui, plus tard, de la vie de toutes les
femmes du monde.

Mais voilà qu'un jeune homme, M. d'Apreval, marié
comme elle, l'aima d'une passion profonde ; et pendant

---

1. *L'opinion* : ici, l'opinion publique, le qu'en-dira-t-on.
2. Sur le mariage des jeunes filles, lire aussi *Une vie* (1883).

55 une longue absence de M. de Cadour, parti aux Indes
en mission politique, elle succomba[1].

Aurait-elle pu résister ? se refuser ? Aurait-elle eu la
force, le courage de ne pas céder, car elle l'aimait
aussi ? Non, vraiment non ! C'eût été trop dur ! elle
60 aurait trop souffert ! Comme la vie est méchante et
rusée ! Peut-on éviter certaines atteintes du sort, peut-
on fuir la destinée fatale ? Quand on est femme, seule,
abandonnée, sans tendresse, sans enfants, peut-on fuir
toujours une passion qui se lève sur vous, comme on
65 fuirait la lumière du soleil, pour vivre, jusqu'à sa mort,
dans la nuit ?

Comme elle se rappelait tous les détails maintenant,
ses baisers, ses sourires, son arrêt sur la porte pour la
regarder en entrant chez elle. Quels jours heureux, ses
70 seuls beaux jours, si vite finis !

Puis elle s'aperçut qu'elle était enceinte ! quelles
angoisses !

Oh ! ce voyage dans le Midi, ce long voyage, ces
souffrances, ces terreurs incessantes, cette vie cachée
75 dans ce petit chalet solitaire, sur le bord de la
Méditerranée, au fond d'un jardin dont elle n'osait pas
sortir !

Comme elle se les rappelait, les longs jours qu'elle
passait étendue sous un oranger, les yeux levés vers les
80 fruits rouges, tout ronds, dans le feuillage vert ! Comme
elle aurait voulu sortir, aller jusqu'à la mer, dont le
souffle frais lui venait par-dessus le mur, dont elle

---

1. *Succomba* : céda aux avances de M. d'Apreval.

entendait les courtes vagues sur la plage, dont elle rêvait
la grande surface bleue, luisante de soleil, avec des
85 voiles blanches et une montagne à l'horizon. Mais elle
n'osait point franchir la porte. Si on l'avait reconnue,
déformée ainsi, montrant sa honte dans sa lourde
ceinture !

Et les jours d'attente, les derniers jours torturants !
90 les alertes ! les souffrances menaçantes ! puis l'effroyable
nuit ! Que de misères elle avait endurées !

Quelle nuit, celle-là ! Comme elle avait gémi, crié !
Elle voyait encore la face pâle de son amant, qui lui
baisait la main à chaque minute, la figure glabre du
95 médecin, le bonnet blanc de la garde.

Et quelle secousse elle avait sentie en son cœur en
entendant ce frêle gémissement d'enfant, ce miaulement,
ce premier effort d'une voix d'homme !

Et le lendemain ! le lendemain ! le seul jour de sa
100 vie où elle eût vu et embrassé son fils, car jamais, depuis,
elle ne l'avait seulement aperçu !

Et, depuis lors, quelle longue existence vide où flottait
toujours, toujours, la pensée de cet enfant. Elle ne l'avait
pas revu, pas une seule fois, ce petit être sorti d'elle,
105 son fils ! On l'avait pris, emporté, caché. Elle savait
seulement qu'il avait été élevé par des paysans normands,
qu'il était devenu lui-même un paysan, et qu'il était
marié, bien marié et bien doté par son père, dont il
ignorait le nom.

110 Que de fois, depuis quarante ans, elle avait voulu
partir pour le voir, pour l'embrasser. Elle ne se figurait
pas qu'il eût grandi ! Elle songeait toujours à cette larve
humaine qu'elle avait tenue un jour dans ses bras et
serrée contre son flanc meurtri.

115   Que de fois elle avait dit à son amant : « Je n'y
tiens plus, je veux le voir ; je vais partir. »

    Toujours il l'avait retenue, arrêtée. Elle ne saurait pas
se contenir, se maîtriser ; l'autre devinerait, l'exploiterait.
Elle serait perdue.

120   « Comment est-il ? disait-elle.

    — Je ne sais pas. Je ne l'ai point revu non plus.

    — Est-ce possible ? Avoir un fils et ne le point connaître.
Avoir peur de lui, l'avoir rejeté comme une honte. »

    C'était horrible.

125   Ils allaient sur la longue route, accablés par la flamme
du soleil, montant toujours l'interminable côte.

    Elle reprit : « Ne dirait-on pas un châtiment ? Je n'ai
jamais eu d'autre enfant. Non, je ne pouvais plus résister
à ce désir de le voir, qui me hante depuis quarante
130 ans. Vous ne comprenez pas cela, vous, les hommes.
Songez que je suis tout près de la mort. Et je ne l'aurais
pas revu !... pas revu, est-ce possible ? Comment ai-je
pu attendre si longtemps ? J'ai pensé à lui toute ma
vie. Quelle affreuse existence cela m'a fait. Je ne me
135 suis pas réveillée une fois, pas une fois, entendez-vous,
sans que ma première pensée n'ait été pour lui, pour
mon enfant. Comment est-il ? Oh ! comme je me sens
coupable vis-à-vis de lui ! Doit-on craindre le monde en
ce cas-là ? J'aurais dû tout quitter, et le suivre, l'élever,
140 l'aimer. J'aurais été plus heureuse, certes. Je n'ai pas
osé. J'ai été lâche. Comme j'ai souffert ! Oh ! ces
pauvres êtres abandonnés, comme ils doivent haïr leurs
mères ! »

    Elle s'arrêta brusquement, étranglée par les sanglots.
145 Tout le vallon était désert et muet sous la lumière

accablante du jour. Seules, les sauterelles jetaient leur cri sec et continu dans l'herbe jaune et rare des deux côtés de la route.

« Asseyez-vous un peu », dit-il.

150 Elle se laissa conduire jusqu'au bord du fossé et s'affaissa, la figure dans ses mains. Ses cheveux blancs, tordus en spirales des deux côtés de son visage, se déroulaient, et elle pleurait, déchirée par une douleur profonde.

155 Il restait debout en face d'elle, inquiet, ne sachant que lui dire. Il murmura : « Allons... du courage. »

Elle se releva : « J'en aurai. » Et, s'essuyant les yeux, elle se remit en marche d'un pas saccadé de vieille.

La route s'enfonçait, un peu plus loin, sous un 160 bouquet d'arbres qui cachait quelques maisons. Ils distinguaient maintenant le choc vibrant et régulier d'un marteau de forge sur une enclume.

Et bientôt ils virent, sur la droite, une charrette arrêtée devant une sorte de maison basse, et, sous un 165 hangar, deux hommes qui ferraient un cheval.

M. d'Apreval s'approcha. « La ferme de Pierre Bénédict ? » cria-t-il.

Un des hommes répondit : « Prenez l'chemin de gauche, tout contre le p'tit café, et pi suivez tout drait, 170 c'est la troisième après celle à Poret. Y'a une sapinette près d'la barrière. Y'a pas à se tromper. »

Ils tournèrent à gauche. Elle allait tout doucement maintenant, les jambes défaillantes, le cœur battant avec tant de violence qu'elle suffoquait.

175 À chaque pas, elle murmurait, comme pour une prière : « Mon Dieu ! oh ! mon Dieu ! » Et une

émotion terrible lui serrait la gorge, la faisait vaciller
sur ses pieds comme si on lui eût coupé les jarrets.

M. d'Apreval, nerveux, un peu pâle, lui dit
180 brusquement : « Si vous ne savez pas vous maîtriser
davantage, vous allez vous trahir tout de suite. Tâchez
donc de vous dominer. »

Elle balbutia : « Est-ce que je le puis ? Mon enfant !
Quand je songe que je vais voir mon enfant ! »

185 Ils suivaient un de ces petits chemins de campagne
encaissés entre les cours des fermes, ensevelis sous un
double rang de hêtres alignés sur les fossés.

Et, tout d'un coup, ils se trouvèrent devant une
barrière de bois qu'abritait un jeune sapin.

190 « C'est ici », dit-il.

Elle s'arrêta net, et regarda.

La cour, plantée de pommiers, était grande, s'étendant
jusqu'à la petite maison d'habitation, couverte en
chaume. En face, l'écurie, la grange, l'étable, le poulailler.
195 Sous un toit d'ardoises, les voitures, charrette, tombereau,
cabriolet. Quatre veaux broutaient l'herbe bien verte
sous l'abri des arbres. Les poules noires erraient dans
tous les coins de l'enclos.

Aucun bruit. La porte de la maison était ouverte.
200 Mais on ne voyait personne.

Ils entrèrent. Aussitôt un chien noir sortit d'un baril
roulé au pied d'un grand poirier et se mit à japper avec
fureur.

Contre le mur de la maison, en arrivant, quatre
205 ruches posées sur des planches alignaient leurs dômes
de paille.

M. d'Apreval, devant le logis, cria : « Y a-t-il du

173

monde ? » Une enfant parut ; une petite fille de dix
ans environ, vêtue d'une chemise et d'une jupe de laine,
210 les jambes nues et sales, l'air timide et sournois. Elle
restait debout dans l'encadrement de la porte comme
pour en défendre l'entrée. « Qué qu'vous voulez ? dit-
elle.

— Ton père est-il là ?
215 — Non.
— Où est-il ?
— J'sais point.
— Et ta maman ?
— All' est aux vaques[1].
220 — Va-t-elle revenir bientôt ?
— J'sais point. »

Et, brusquement, la vieille femme, comme si elle eût
craint qu'on l'entraînât de force, prononça d'une voix
précipitée : « Je ne m'en irai pas sans l'avoir vu.
225 — Nous allons l'attendre, ma chère amie. »

Comme ils se retournaient, ils aperçurent une paysanne
qui s'en venait vers la maison, portant deux seaux de
fer-blanc qui semblaient lourds et que le soleil frappait
par moments d'une flamme éclatante et blanche.

230 Elle boitait de la jambe droite, et, la poitrine roulée
dans un tricot brun, terni, lavé par les pluies, roussi
par les étés, elle avait l'air d'une pauvre servante,
misérable et sale.

« V'là maman », dit l'enfant.
235 Quand elle fut près de sa demeure, elle regarda les

---

1. *Vaques* : vaches (forme dialectale, variante régionale d'un mot français).

étrangers d'un air mauvais et soupçonneux ; puis elle
entra chez elle comme si elle ne les avait pas vus.

Elle semblait vieille, avec une figure creuse, jaune,
dure ; cette figure de bois des campagnardes.

240 M. d'Apreval la rappela. « Dites, madame, nous
sommes entrés pour vous demander de nous vendre
deux verres de lait. »

Elle grommela, en reparaissant sur sa porte, après
avoir posé ses seaux. « Je n'vends point de lait.

245 — C'est que nous avons bien soif. Madame est vieille
et très fatiguée. N'y a-t-il pas moyen d'avoir quelque
chose à boire ? »

La paysanne les considérait d'un œil inquiet et
sournois.

250 Enfin, elle se décida. « Pisque vous êtes là, je vas
tout de même vous en donner », dit-elle.

Et elle disparut dans son logis.

Puis l'enfant sortit, portant deux chaises qu'elle posa
sous un pommier ; et la mère s'en vint à son tour avec
255 deux bols de lait mousseux qu'elle mit aux mains des
visiteurs.

Puis elle demeura debout devant eux comme pour
les surveiller et deviner leurs desseins. « Vous êtes de
Fécamp ? » dit-elle.

260 M. d'Apreval répondit : « Oui, nous sommes à
Fécamp pour l'été. » Puis, après un silence, il reprit :
« Est-ce que vous pourriez nous vendre des poulets
toutes les semaines ? »

La paysanne hésita, puis répondit : « Mais, tout de
265 même. C'est-il des jeunes que vous voulez ?

— Oui, des jeunes.

— Combien que vous payez ça, au marché ? »

D'Apreval, qui l'ignorait, se tourna vers son amie :
« Combien donc payez-vous les volailles, ma chère, les
270 jeunes volailles ? »

Elle balbutia, les yeux pleins de larmes : « Quatre
francs et quatre francs cinquante. »

La fermière la regarda de coin, étonnée, puis elle
demanda : « Est-elle malade, c'te dame, pisqu'all'
275 pleure ? »

Il ne savait que répondre, et bégaya : « Non... non...
mais elle... elle a perdu sa montre en route, une belle
montre, et ça lui a fait de la peine. Si quelqu'un la
trouve, vous nous préviendrez. »

280 La mère Bénédict ne répondit rien, jugeant ça louche.

Et soudain, elle prononça : « V'là m'n'homme ! »

Elle seule l'avait vu entrer, car elle faisait face à la
barrière.

D'Apreval eut un sursaut, Mme de Cadour faillit
285 tomber en se tournant éperdument sur sa chaise.

Un homme était là, à dix pas, tirant une vache au
bout d'une corde, courbé en deux, soufflant.

Il prononça, sans s'occuper des visiteurs : « Maudit !
qué rosse ! »

290 Et il passa, allant vers l'étable où il disparut.

Les larmes de la vieille femme s'étaient taries
brusquement, et elle demeurait effarée, sans paroles,
sans pensée : « Son fils, c'était là son fils ! »

D'Apreval, que la même idée avait blessé, articula
295 d'une voix troublée : « C'est bien M. Bénédict ? »

La fermière, méfiante, demanda : « Qué qui vous a
dit son nom ? »

Il reprit : « C'est le forgeron au coin de la grand-
route. »

176

300 Puis tous se turent, ayant les yeux fixés sur la porte de l'étable. Elle faisait une sorte de trou noir dans le mur du bâtiment. On ne voyait rien dedans, mais on entendait des bruits vagues, des mouvements, des pas amortis par la paille semée à terre.

305 Il reparut sur le seuil, s'essuyant le front, et il revint vers la maison d'un grand pas lent qui le soulevait à chaque enjambée.

Il passa encore devant ces étrangers sans paraître les remarquer, et il dit à sa femme : « Va me tirer une 310 cruche d'cidre, j'ai sef. »

Puis il entra dans sa demeure. La fermière s'en alla vers le cellier[1], laissant seuls les Parisiens.

Et Mme de Cadour, éperdue, bégaya : « Allons-nous-en, Henri, allons-nous-en. »

315 D'Apreval lui prit le bras, la souleva, et la soutenant de toute sa force, car il sentait bien qu'elle allait tomber, il l'entraîna, après avoir jeté cinq francs sur une des chaises.

Dès qu'ils eurent franchi la barrière, elle se mit à 320 sangloter, toute secouée par la douleur et balbutiant : « Oh ! oh ! voilà ce que vous en avez fait ?... »

Il était fort pâle. Il répondit d'un ton sec : « J'ai fait ce que j'ai pu. Sa ferme vaut quatre-vingt mille francs. C'est une dot que n'ont pas tous les enfants de 325 bourgeois. »

Et ils revinrent tout doucement, sans ajouter un mot.

---

1. *Cellier* : pièce fraîche où l'on garde les provisions.

Elle pleurait toujours. Les larmes coulaient de ses yeux et roulaient sur ses joues, sans cesse.

Elles s'arrêtèrent enfin, et ils rentrèrent dans Fécamp.

330 M. de Cadour les attendait pour dîner. Il se mit à rire et cria, en les apercevant : « Très bien, ma femme a attrapé une insolation. J'en suis ravi. Vraiment, je crois qu'elle perd la tête, depuis quelque temps ! »

Ils ne répondirent ni l'un ni l'autre ; et comme le
335 mari demandait, en se frottant les mains : « Avez-vous fait une jolie promenade au moins ? »

D'Apreval répondit : « Charmante, mon cher, tout à fait charmante. »

Première publication dans le journal *le Figaro,* 15 août 1884.
Repris dans le volume *Yvette,* en 1884.

L'Abandonné

DEUX MONDES

1. Quels sont les différents personnages de cette nouvelle ? À quelle classe sociale appartient chacun d'entre eux ? Relevez les indices qui justifient votre réponse.

2. Quels liens unissent Mme de Cadour, M. de Cadour et M. d'Apreval ?

3. Comment les paysans réagissent-ils à l'égard de leurs visiteurs ?

4. Comment le bâtard apparaît-il aux yeux de ses parents ?

L'INSTINCT MATERNEL

5. Pour quelles raisons Mme de Cadour souhaite-t-elle revoir son fils ? Ses sentiments sont-ils partagés par Henri d'Apreval ? Justifiez votre réponse.

6. Combien de fois Mme de Cadour a-t-elle vu son fils ? Citez le texte.

7. Celui-ci ressemble-t-il davantage à ses parents ou à ceux qui l'ont adopté ? Par qui et par quoi a-t-il été influencé ?

LA FAUTE

8. Repérez et commentez la périphrase (expression de plusieurs mots employée à la place d'un mot unique) par laquelle se trouve désignée la grossesse de Mme de Cadour.

9. Quels souvenirs a-t-elle gardés de son accouchement (l. 91 à 98) ?

10. Pourquoi a-t-elle abandonné son enfant ? De quoi se sent-elle coupable ?

11. Le bilan d'une vie : d'après vous, Mme de Cadour a-t-elle eu raison de se conformer aux lois qui régissent la société ? Pourquoi ?

Dessin de P.-G. Jeanniot (né en 1848)
pour *la Dot*.

La Dot

PERSONNE ne s'étonna du mariage de Me Simon Lebrument avec Mlle Jeanne Cordier. Me Lebrument venait d'acheter l'étude de notaire de Me Papillon ; il fallait, bien entendu, de l'argent pour la payer ; et Mlle Jeanne Cordier avait trois cent mille francs liquides, en billets de banque et en titres au porteur.

Me Lebrument était un beau garçon, qui avait du chic, un chic notaire, un chic province, mais enfin du chic, ce qui était rare à Boutigny-le-Rebours.

Mlle Cordier avait de la grâce et de la fraîcheur, de la grâce un peu gauche et de la fraîcheur un peu fagotée[1] ; mais c'était, en somme, une belle fille désirable et fêtable[2].

La cérémonie d'épousailles mit tout Boutigny sens dessus dessous.

On admira fort les mariés, qui rentrèrent cacher leur bonheur au domicile conjugal, ayant résolu de faire tout simplement un petit voyage à Paris après quelques jours de tête-à-tête.

Il fut charmant ce tête-à-tête, Me Lebrument ayant su apporter dans ses premiers rapports avec sa femme une adresse, une délicatesse et un à-propos remarquables.

---

1. *Fagotée* : au sens propre, habillée sans goût ; le mot est ici employé dans un sens imagé (registre familier, voir p. 270).
2. *Fêtable* : que l'on a envie de fêter. Mot inventé ici par Maupassant, sans doute avec une connotation (voir p. 267) grivoise.

Il avait pris pour devise : « Tout vient à point à qui
sait attendre. » Il sut être en même temps patient et
25 énergique. Le succès fut rapide et complet.

Au bout de quatre jours, Mme Lebrument adorait
son mari. Elle ne pouvait plus se passer de lui, il fallait
qu'elle l'eût tout le jour près d'elle pour le caresser,
l'embrasser, lui tripoter les mains, la barbe, le nez, etc.
30 Elle s'asseyait sur ses genoux, et, le prenant par les
oreilles, elle disait : « Ouvre la bouche et ferme les
yeux. » Il ouvrait la bouche avec confiance, fermait les
yeux à moitié, et il recevait un bon baiser bien tendre,
bien long, qui lui faisait passer de grands frissons dans
35 le dos. Et à son tour il n'avait pas assez de caresses,
pas assez de lèvres, pas assez de mains, pas assez de
toute sa personne pour fêter sa femme du matin au
soir et du soir au matin.

Une fois la première semaine écoulée, il dit à sa
40 jeune compagne : « Si tu veux, nous partirons pour
Paris mardi prochain. Nous ferons comme les amoureux
qui ne sont pas mariés, nous irons dans les restaurants,
au théâtre, dans les cafés-concerts, partout, partout. »

Elle sautait de joie. « Oh ! oui, oh ! oui, allons-y le
45 plus tôt possible. »

Il reprit : « Et puis, comme il ne faut rien oublier,
préviens ton père de tenir ta dot toute prête ; je
l'emporterai avec nous et je paierai par la même occasion
Me Papillon. »

50 Elle prononça : « Je le lui dirai demain matin. »

Et il la saisit dans ses bras pour recommencer ce
petit jeu de tendresse qu'elle aimait tant, depuis huit
jours.

Le mardi suivant, le beau-père et la belle-mère
55 accompagnèrent à la gare leur fille et leur gendre qui
partaient pour la capitale.

Le beau-père disait : « Je vous jure que c'est imprudent
d'emporter tant d'argent dans votre portefeuille. »

Et le jeune notaire souriait. « Ne vous inquiétez de
60 rien, beau-papa, j'ai l'habitude de ces choses-là. Vous
comprenez que, dans ma profession, il m'arrive
quelquefois d'avoir près d'un million sur moi. De cette
façon, au moins, nous évitons un tas de formalités et
un tas de retards. Ne vous inquiétez de rien. »

65 L'employé criait : « Les voyageurs pour Paris en
voiture ! »

Ils se précipitèrent dans un wagon où se trouvaient
deux vieilles dames.

Lebrument murmura à l'oreille de sa femme : « C'est
70 ennuyeux, je ne pourrai pas fumer. »

Elle répondit tout bas : « Moi aussi, ça m'ennuie
bien, mais ça n'est pas à cause de ton cigare. »

Le train siffla et partit. Le trajet dura une heure,
pendant laquelle ils ne dirent pas grand-chose, car les
75 deux vieilles femmes ne dormaient point.

Dès qu'ils furent dans la cour de la gare Saint-Lazare,
Mᵉ Lebrument dit à sa femme : « Si tu veux, ma chérie,
nous allons d'abord déjeuner au boulevard, puis nous
reviendrons tranquillement chercher notre malle pour la
80 porter à l'hôtel. »

Elle y consentit tout de suite. « Oh oui, allons
déjeuner au restaurant. Est-ce loin ? »

Il reprit : « Oui, un peu loin, mais nous allons
prendre l'omnibus. »

85 Elle s'étonna : « Pourquoi ne prenons-nous pas un fiacre ? »

Il se mit à la gronder en souriant : « C'est comme ça que tu es économe, un fiacre pour cinq minutes de route, six sous par minute, tu ne te priverais de rien.

90 — C'est vrai », dit-elle, un peu confuse.

Un gros omnibus passait, au trot des trois chevaux. Lebrument cria : « Conducteur ! eh ! conducteur ! »

La lourde voiture s'arrêta. Et le jeune notaire, poussant sa femme, lui dit, très vite : « Monte dans l'intérieur,

95 moi je grimpe dessus pour fumer au moins une cigarette avant mon déjeuner. »

Elle n'eut pas le temps de répondre ; le conducteur, qui l'avait saisie par le bras pour l'aider à escalader le marchepied, la précipita dans sa voiture, et elle tomba,

100 effarée, sur une banquette, regardant avec stupeur, par la vitre de derrière, les pieds de son mari qui grimpait sur l'impériale.

Et elle demeura immobile entre un gros monsieur qui sentait la pipe et une vieille femme qui sentait le

105 chien.

Tous les autres voyageurs, alignés et muets — un garçon épicier, une ouvrière, un sergent d'infanterie, un monsieur à lunettes d'or coiffé d'un chapeau de soie aux bords énormes et relevés comme des gouttières,

110 deux dames à l'air important et grincheux, qui semblaient dire par leur attitude : « Nous sommes ici, mais nous valons mieux que ça », deux bonnes sœurs, une fille en cheveux[1] et un croque-mort —, avaient l'air d'une

---

1. *En cheveux* : sans chapeau.

collection de caricatures, d'un musée des grotesques[1],
115 d'une série de charges[2] de la face humaine, semblables
à ces rangées de pantins comiques qu'on abat, dans les
foires, avec des balles.

Les cahots de la voiture ballottaient un peu leurs
têtes, les secouaient, faisaient trembloter la peau flasque
120 des joues ; et, la trépidation des roues les abrutissant,
ils semblaient idiots et endormis.

La jeune femme demeurait inerte : « Pourquoi n'est-
il pas venu avec moi ? » se disait-elle. Une tristesse
vague l'oppressait. Il aurait bien pu, vraiment, se priver
125 de cette cigarette.

Les bonnes sœurs firent signe d'arrêter, puis elles
sortirent l'une devant l'autre, répandant une odeur fade
de vieille jupe.

On repartit, puis on s'arrêta de nouveau. Et une
130 cuisinière monta, rouge, essoufflée. Elle s'assit et posa
sur ses genoux son panier aux provisions. Une forte
senteur d'eau de vaisselle se répandit dans l'omnibus.

« C'est plus loin que je n'aurais cru », pensait Jeanne.

Le croque-mort s'en alla et fut remplacé par un
135 cocher qui fleurait[3] l'écurie. La fille en cheveux eut pour
successeur un commissionnaire[4] dont les pieds exhalaient
le parfum de ses courses.

---

1. *Grotesques* : personnes qui font rire par leur apparence bizarre.
2. *Charges* : portraits exagérant certains traits.
3. *Fleurait* : sentait.
4. *Commissionnaire* : coursier, personne qui fait les commissions
d'autrui.

La notairesse se sentait mal à l'aise, écœurée, prête à pleurer sans savoir pourquoi.

140 D'autres personnes descendirent, d'autres montèrent. L'omnibus allait toujours par les interminables rues, s'arrêtait aux stations, se remettait en route.

« Comme c'est loin ! se disait Jeanne. Pourvu qu'il n'ait pas eu une distraction, qu'il ne soit pas endormi ! 145 Il s'est bien fatigué depuis quelques jours. »

Peu à peu tous les voyageurs s'en allaient. Elle resta seule, toute seule. Le conducteur cria : « Vaugirard ! »

Comme elle ne bougeait point, il répéta : « Vaugirard ! »

150 Elle le regarda, comprenant que ce mot s'adressait à elle, puisqu'elle n'avait plus de voisins. L'homme dit, pour la troisième fois : « Vaugirard ! »

Alors elle demanda : « Où sommes-nous ? »

Il répondit d'un ton bourru : « Nous sommes à 155 Vaugirard, parbleu, voilà vingt fois que je le crie.

— Est-ce loin du boulevard ? dit-elle.

— Quel boulevard ?

— Mais le boulevard des Italiens.

— Il y a beau temps qu'il est passé !

160 — Ah ! Voulez-vous bien prévenir mon mari ?

— Votre mari ? Où ça ?

— Mais sur l'impériale.

— Sur l'impériale ! v'là longtemps qu'il n'y a plus personne. »

165 Elle eut un geste de terreur. « Comment ça ? Ce n'est pas possible. Il est monté avec moi. Regardez bien ; il doit y être ! »

Le conducteur devenait grossier : « Allons, la p'tite, assez causé, un homme de perdu, dix de retrouvés.

186

170 Décanillez[1], c'est fini. Vous en trouverez un autre dans la rue. »

Des larmes lui montaient aux yeux, elle insista : « Mais, monsieur, vous vous trompez, je vous assure que vous vous trompez. Il avait un gros portefeuille 175 sous le bras. »

L'employé se mit à rire : « Un gros portefeuille. Ah ! oui, il est descendu à la Madeleine. C'est égal, il vous a bien lâchée, ah ! ah ! ah !... »

La voiture s'était arrêtée. Elle en sortit, et regarda, 180 malgré elle, d'un mouvement instinctif de l'œil, sur le toit de l'omnibus. Il était totalement désert.

Alors elle se mit à pleurer et tout haut, sans songer qu'on l'écoutait et qu'on la regardait, elle prononça : « Qu'est-ce que je vais devenir ? »

185 L'inspecteur du bureau s'approcha : « Qu'y a-t-il ? »

Le conducteur répondit d'un ton goguenard[2] : « C'est une dame que son époux a lâchée en route. »

L'autre reprit : « Bon, ce n'est rien, occupez-vous de votre service. »

190 Et il tourna les talons.

Alors, elle se mit à marcher devant elle, trop effarée, trop affolée pour comprendre même ce qui lui arrivait. Où allait-elle aller ? Qu'allait-elle faire ? Que lui était-il arrivé à lui ? D'où venaient une pareille erreur, un 195 pareil oubli, une pareille méprise, une si incroyable distraction ?

Elle avait deux francs dans sa poche. À qui

1. *Décanillez :* déguerpissez (populaire).
2. *Goguenard :* moqueur.

s'adresser ? Et, tout d'un coup, le souvenir lui vint de
son cousin Barral, sous-chef de bureau à la marine.

200   Elle possédait juste de quoi payer la course du
fiacre ; et elle se fit conduire chez lui. Et elle le
rencontra comme il partait pour son ministère. Il portait,
ainsi que Lebrument, un gros portefeuille sous le bras.

    Elle s'élança de sa voiture. « Henry ! » cria-t-elle.

205   Il s'arrêta stupéfait : « Jeanne ?... ici ?... toute seule ?...
Que faites-vous, d'où venez-vous ? »

    Elle balbutia, les yeux pleins de larmes. « Mon mari
s'est perdu tout à l'heure.

    — Perdu, où ça ?

210   — Sur un omnibus.

    — Sur un omnibus ?... Oh !... »

    Et elle lui conta en pleurant son aventure.

    Il l'écoutait, réfléchissant. Il demanda : « Ce matin,
il avait la tête bien calme ?

215   — Oui.

    — Bon. Avait-il beaucoup d'argent sur lui ?

    — Oui, il portait ma dot.

    — Votre dot ?... tout entière ?

    — Tout entière... pour payer son étude tantôt.

220   — Eh bien, ma chère cousine, votre mari, à l'heure
qu'il est, doit filer sur la Belgique. »

    Elle ne comprenait pas encore. Elle bégayait.
« ... Mon mari... vous dites ?...

    — Je dis qu'il a raflé votre... votre capital... et voilà
225 tout. »

    Elle restait debout, suffoquée, murmurant : « Alors
c'est... c'est... c'est un misérable !... »

    Puis, défaillant d'émotion, elle tomba sur le gilet de
son cousin, en sanglotant.

230   Comme on s'arrêtait pour les regarder, il la poussa
tout doucement, sous l'entrée de sa maison, et, la
soutenant par la taille, il lui fit monter son escalier, et
comme sa bonne interdite ouvrait la porte, il
commanda : « Sophie, courez au restaurant chercher
235 un déjeuner pour deux personnes. Je n'irai pas au
ministère aujourd'hui. »

Première publication
dans le journal *Gil Blas,* 9 septembre 1884.
Repris dans le volume *Toine,* en 1886.

La Dot

UN MARIAGE

1. Qu'est-ce qu'une dot ?

2. Pourquoi personne ne s'étonne du mariage de Mᵉ Simon Lebrument avec Mlle Jeanne Cordier ?

3. Comment le mariage s'est-il déroulé ?

4. Pour quelles raisons le couple décide-t-il de se rendre à Paris ? À l'instigation de qui ?

5. Quels sentiments unissent le jeune couple ?

6. Chacun des jeunes mariés est-il réellement sincère ? Justifiez votre réponse.

L'OMNIBUS À IMPÉRIALE

7. Quelle différence y a-t-il entre un omnibus et un fiacre ? Cherchez des documents d'époque représentant un omnibus à impériale.

8. Pourquoi Mᵉ Lebrument veut-il prendre l'omnibus ? Ses raisons vous paraissent-elles vraisemblables ?

9. Quelle catégorie de personnes empruntent ce moyen de transport ? Quelle ambiance règne dans la voiture ? Qu'éprouve Mme Lebrument ?

L'ESCROQUERIE

10. De Boutigny-le-Rebours à Paris... La jeune provinciale vous paraît-elle naïve ? Pourquoi ?

11. « Il a raflé votre... votre capital » (l. 224) : que sous-entend cette explication de Barral ?

12. Son cousin va-t-il remplacer le mari de Mme Lebrument ? Relevez les expressions qui le laissent pressentir.

La Bête à maît' Belhomme

LA DILIGENCE du Havre allait quitter Criquetot ; et tous
les voyageurs attendaient l'appel de leur nom dans la
cour de l'hôtel du Commerce tenu par Malandain fils.

C'était une voiture jaune, montée sur des roues jaunes
5 aussi autrefois, mais rendues presque grises par
l'accumulation des boues. Celles de devant étaient toutes
petites ; celles de derrière, hautes et frêles, portaient le
coffre difforme et enflé comme un ventre de bête. Trois
rosses[1] blanches, dont on remarquait, au premier coup
10 d'œil, les têtes énormes et les gros genoux ronds,
attelées en arbalète[2], devaient traîner cette carriole qui
avait du monstre dans sa structure et son allure. Les
chevaux semblaient endormis déjà devant l'étrange
véhicule.

15 Le cocher Césaire Horlaville, un petit homme à gros
ventre, souple cependant, par suite de l'habitude
constante de grimper sur ses roues et d'escalader
l'impériale, la face rougie par le grand air des champs,
les pluies, les bourrasques et les petits verres, les yeux
20 devenus clignotants sous les coups de vent et de grêle,
apparut sur la porte de l'hôtel en s'essuyant la bouche

---

1. *Rosses* : mauvais chevaux (registre familier, voir p. 270).
2. *En arbalète :* pour faciliter la conduite et pour limiter les accidents,
ce type d'attelage est plus large à l'avant qu'à l'arrière (comme une
arbalète). Il se compose de trois chevaux à l'avant suivis de deux, ou,
comme ici, de deux et un.

d'un revers de main. De larges paniers ronds, pleins de
volailles effarées, attendaient devant les paysannes
immobiles. Césaire Horlaville les prit l'un après l'autre
25 et les posa sur le toit de sa voiture ; puis il y plaça
plus doucement ceux qui contenaient des œufs ; il y
jeta ensuite, d'en bas, quelques petits sacs de grain, de
menus paquets enveloppés de mouchoirs, de bouts de
toile ou de papiers. Puis il ouvrit la porte de derrière
30 et, tirant une liste de sa poche, il lut en appelant :
« Monsieur le curé de Gorgeville. »

Le prêtre s'avança, un grand homme puissant, large,
gros, violacé et d'air aimable. Il retroussa sa soutane[1]
pour lever le pied, comme les femmes retroussent leurs
35 jupes, et grimpa dans la guimbarde.

« L'instituteur de Rollebosc-les-Grinets ? »

L'homme se hâta, long, timide, enredingoté[2] jusqu'aux
genoux ; et il disparut à son tour dans la porte ouverte.

« Maît' Poiret, deux places. »

40 Poiret s'en vint, haut et tortu[3], courbé par la charrue,
maigri par l'abstinence[4], osseux, la peau séchée par
l'oubli des lavages. Sa femme le suivait, petite et maigre,
pareille à une bique fatiguée, portant à deux mains un
immense parapluie vert.

45 « Maît' Rabot, deux places. »

---

1. *Soutane :* long vêtement en forme de robe porté par les prêtres.
2. *Enredingoté :* enveloppé de sa redingote, c'est-à-dire de son
manteau. Adjectif créé par Maupassant à partir de « redingote » qui
a pour origine l'anglais *riding-coat.*
3. *Tortu :* difforme (littéraire).
4. *Abstinence :* privation.

Rabot hésita, étant de nature perplexe. Il demanda :
« C'est ben mé qu't'appelles ? »

Le cocher, qu'on avait surnommé « dégourdi », allait
répondre une facétie[1], quand Rabot piqua une tête vers
50 la portière, lancé en avant par une poussée de sa
femme, une gaillarde haute et carrée dont le ventre
était vaste et rond comme une futaille[2], les mains larges
comme des battoirs.

Et Rabot fila dans la voiture à la façon d'un rat qui
55 rentre dans son trou.

« Maît' Caniveau. »

Un gros paysan, plus lourd qu'un bœuf, fit plier les
ressorts et s'engouffra à son tour dans l'intérieur du
coffre jaune.

60 « Maît' Belhomme. »

Belhomme, un grand maigre, s'approcha, le cou de
travers, la face dolente, un mouchoir appliqué sur
l'oreille comme s'il souffrait d'un fort mal de dents.

Tous portaient la blouse bleue par-dessus d'antiques
65 et singulières vestes de drap noir ou verdâtre, vêtements
de cérémonie qu'ils découvriraient dans les rues du
Havre ; et leurs chefs[3] étaient coiffés de casquettes de
soie, hautes comme des tours, suprême élégance dans
la campagne normande.

70 Césaire Horlaville referma la portière de sa boîte,
puis monta sur son siège et fit claquer son fouet.

Les trois chevaux parurent se réveiller et, remuant
le cou, firent entendre un vague murmure de grelots.

---

1. *Facétie* : plaisanterie.
2. *Futaille* : tonneau.
3. *Chefs* : têtes.

Le cocher, alors, hurlant : « Hue ! » de toute sa
75 poitrine, fouailla[1] les bêtes à tour de bras. Elles s'agitèrent,
firent un effort, et se mirent en route d'un petit trot
boiteux et lent. Et derrière elles, la voiture, secouant
ses carreaux branlants et toute la ferraille de ses ressorts,
faisait un bruit surprenant de ferblanterie[2] et de verrerie,
80 tandis que chaque ligne de voyageurs, ballottée et
balancée par les secousses, avait des reflux de flots à
tous les remous des cahots.

On se tut d'abord, par respect pour le curé, qui
gênait les épanchements. Il se mit à parler le premier,
85 étant d'un caractère loquace et familier. « Eh bien, maît'
Caniveau, dit-il, ça va-t-il comme vous voulez ? »

L'énorme campagnard, qu'une sympathie de taille,
d'encolure et de ventre liait avec l'ecclésiastique, répondit
en souriant : « Tout d'même, m'sieu le Curé, tout
90 d'même, et d'vote part ? »

— Oh ! d'ma part, ça va toujours.

— Et vous, maît' Poiret ? demanda l'abbé.

— Oh ! mé, ça irait, n'étaient les cossards (colzas) qui
n'donneront guère c't'année ; et, vu les affaires, c'est
95 là-dessus qu'on s'rattrape.

— Que voulez-vous, les temps sont durs.

— Que oui, qu'i sont durs », affirma d'une voix de
gendarme la grande femme de maît' Rabot.

Comme elle était d'un village voisin, le curé ne la
100 connaissait que de nom. « C'est vous, la Blondel ?
dit-il.

---

1. *Fouailla* : fouetta.
2. *Ferblanterie* : ustensiles en fer-blanc.

— Oui, c'est mé, qu'a épousé Rabot. »

Rabot, fluet, timide et satisfait, salua en souriant ; il salua d'une grande inclinaison de tête en avant, comme
105 pour dire : « C'est bien moi Rabot, qu'a épousé la Blondel. »

Soudain maît' Belhomme, qui tenait toujours son mouchoir sur son oreille, se mit à gémir d'une façon lamentable. Il faisait « gniau... gniau... gniau... » en
110 tapant du pied pour exprimer son affreuse souffrance.

« Vous avez donc bien mal aux dents ? » demanda le curé.

Le paysan cessa un instant de geindre pour répondre : « Non point... m'sieu le Curé... C'est point
115 des dents... c'est d'l'oreille, du fond d'l'oreille.

— Qu'est-ce que vous avez donc dans l'oreille ? Un dépôt ?

— J'sais point si c'est un dépôt, mais j'sais ben qu'c'est eune bête, un' grosse bête, qui m'a entré d'dans, vu
120 que j'dormais su l'foin dans l'grenier.

— Un' bête. Vous êtes sûr ?

— Si j'en suis sûr ? Comme du Paradis, m'sieu le Curé, vu qu'a m'grignote l'fond d'l'oreille. A m'mange la tête, pour sûr ! a m'mange la tête. Oh ! gniau...
125 gniau... gniau... » et il se remit à taper du pied.

Un grand intérêt s'était éveillé dans l'assistance. Chacun donnait son avis. Poiret voulait que ce fût une araignée, l'instituteur que ce fût une chenille. Il avait vu ça une fois déjà à Campemuret, dans l'Orne[1], où il

_____

1. *Orne :* département de la Basse-Normandie tenant son nom du fleuve qui le traverse (voir p. 22-23).

130 était resté six ans ; même la chenille était entrée dans
la tête et sortie par le nez. Mais l'homme était demeuré
sourd de cette oreille-là, puisqu'il avait le tympan crevé.

« C'est plutôt un ver », déclara le curé.

Maît' Belhomme, la tête renversée de côté et appuyée
135 contre la portière, car il était monté le dernier, gémissait
toujours. « Oh ! gniau... gniau... gniau... j'crairais ben
qu'c'est eune frémi, eune grosse frémi, tant qu'a mord...
T'nez, m'sieu le Curé... a galope... a galope... Oh !
gniau... gniau... gniau... qué misère !...

140 — T'as point vu l'médecin ? demanda Caniveau.

— Pour sûr, non.

— D'où vient ça ? »

La peur du médecin sembla guérir Belhomme.

Il se redressa, sans toutefois lâcher son mouchoir.
145 « D'où vient ça ! T'as des sous pour eusse, té, pour
ces fainéants-là ? Y s'rait v'nu eune fois, deux fois, trois
fois, quat'fois, cinq fois ! Ça fait, deusse écus de cent
sous[1], deusse écus, pour sûr... Et qu'est-ce qu'il aurait
fait, dis, çu fainéant, dis, qu'est-ce qu'il aurait fait ?
150 Sais-tu, té ? »

Caniveau riait. « Non, j'sais point. Oùsquè tu vas,
comme ça ?

— J'vas t'au Havre vé Chambrelan.

— Qué Chambrelan ?
155 — L'guérisseux, donc.

— Qué guérisseux ?

— L'guérisseux qu'a guéri mon pé.

---

1. L'écu est une ancienne monnaie française. Le sou valait cinq
centimes.

— Ton pé ?

— Oui, mon pé, dans l'temps.

160 — Qué qu'il avait, ton pé ?

— Un vent dans l'dos, qui n'en pouvait pu r'muer pied ni gambe.

— Qué qui li a fait ton Chambrelan ?

— Il y a manié l'dos comm' pou' fé du pain, avec les
165 deux mains donc ! Et ça y a passé en une couple d'heures[1]. »

Belhomme pensait bien aussi que Chambrelan avait prononcé des paroles, mais il n'osait pas dire ça devant le curé.

170 Caniveau reprit en riant : « C'est-il point quéque lapin qu't'as dans l'oreille ? Il aura pris çu trou-là pour son terrier, vu la ronce. Attends, j'vas l'fé sauver. »

Et Caniveau, formant un porte-voix de ses mains, commença à imiter les aboiements des chiens courants
175 en chasse. Il jappait, hurlait, piaulait[2], aboyait. Et tout le monde se mit à rire dans la voiture, même l'instituteur qui ne riait jamais.

Cependant, comme Belhomme paraissait fâché qu'on se moquât de lui, le curé détourna la conversation et,
180 s'adressant à la grande femme de Rabot : « Est-ce que vous n'avez pas une nombreuse famille ?

— Que oui, m'sieu le Curé... Que c'est dur à élever ! »

Rabot opinait de la tête, comme pour dire : « Oh !
185 oui, c'est dur à élever. »

---

1. *Une couple d'heures :* deux heures.
2. *Piaulait :* poussait des cris aigus.

« Combien d'enfants ? »

Elle déclara avec autorité, d'une voix forte et sûre :
« Seize enfants, m'sieu l'Curé ! Quinze de mon
homme ! »

190 Et Rabot se mit à sourire plus fort, en saluant du
front. Il en avait fait quinze, lui, lui tout seul, Rabot !
Sa femme l'avouait ! Donc, on n'en pouvait point
douter. Il en était fier, parbleu !

De qui le seizième ? Elle ne le dit pas. C'était le
195 premier, sans doute ? On le savait peut-être, car on ne
s'étonna point. Caniveau lui-même demeura impassible.

Mais Belhomme se mit à gémir : « Oh ! gniau...
gniau... gniau... a me trifouille dans l'fond... Oh !
misère !... »

200 La voiture s'arrêtait au café Polyte. Le curé dit : « Si
on vous coulait un peu d'eau dans l'oreille, on la ferait
peut-être sortir. Voulez-vous essayer ?

— Pour sûr ! J'veux ben. »

Et tout le monde descendit pour assister à l'opération.

205 Le prêtre demanda une cuvette, une serviette et un
verre d'eau ; et il chargea l'instituteur de tenir bien
inclinée la tête du patient ; puis, dès que le liquide
aurait pénétré dans le canal, de la renverser brusquement.

Mais Caniveau, qui regardait déjà dans l'oreille de
210 Belhomme pour voir s'il ne découvrirait pas la bête à
l'œil nu, s'écria : « Cré nom d'un nom, qué
marmelade ! Faut déboucher ça, mon vieux. Jamais ton
lapin sortira dans c'te confiture-là. Il s'y collerait les
quat' pattes. »

215 Le curé examina à son tour le passage et le reconnut
trop étroit et trop embourbé pour tenter l'expulsion de

la bête. Ce fut l'instituteur qui débarrassa cette voie au moyen d'une allumette et d'une loque[1]. Alors, au milieu de l'anxiété générale, le prêtre versa, dans ce conduit
220 nettoyé, un demi-verre d'eau qui coula sur le visage, dans les cheveux et dans le cou de Belhomme. Puis l'instituteur retourna vivement la tête sur la cuvette, comme s'il eût voulu la dévisser. Quelques gouttes retombèrent dans le vase blanc. Tous les voyageurs se
225 précipitèrent. Aucune bête n'était sortie.

Cependant Belhomme déclarant : « Je sens pu rien », le curé, triomphant, s'écria : « Certainement elle est noyée. » Tout le monde était content. On remonta dans la voiture.

230 Mais à peine se fut-elle remise en route que Belhomme poussa des cris terribles. La bête s'était réveillée et était devenue furieuse. Il affirmait même qu'elle était entrée dans la tête maintenant, qu'elle lui dévorait la cervelle. Il hurlait avec de telles contorsions que la femme de
235 Poiret, le croyant possédé du diable, se mit à pleurer en faisant le signe de la croix. Puis, la douleur se calmant un peu, le malade raconta qu'« elle » faisait le tour de son oreille. Il imitait avec son doigt les mouvements de la bête, semblait la voir, la suivre du
240 regard : « Tenez, v'là qu'a r'monte... gniau... gniau... gniau... qué misère ! »

Caniveau s'impatientait : « C'est l'iau qui la rend enragée, c'te bête. All' est p't-être ben accoutumée au vin. »

---

1. *Loque* : étoffe de peu de valeur, chiffon.

245   On se remit à rire. Il reprit : « Quand j'allons arriver
au café Bourbeux, donne-li du fil-en-six[1] et all' n'bougera
pu, j'te le jure. »

Mais Belhomme n'y tenait plus de douleur. Il se mit
à crier comme si on lui arrachait l'âme. Le curé fut
250 obligé de lui soutenir la tête. On pria Césaire Horlaville
d'arrêter à la première maison rencontrée.

C'était une ferme en bordure sur la route. Belhomme
y fut transporté ; puis on le coucha sur la table de
cuisine pour recommencer l'opération. Caniveau
255 conseillait toujours de mêler de l'eau-de-vie à l'eau, afin
de griser et d'endormir la bête, de la tuer peut-être.
Mais le curé préféra du vinaigre.

On fit couler le mélange goutte à goutte, cette fois
afin qu'il pénétrât jusqu'au fond, puis on le laissa
260 quelques minutes dans l'organe habité.

Une cuvette ayant été de nouveau apportée, Belhomme
fut retourné tout d'une pièce par le curé et Caniveau,
ces deux colosses, tandis que l'instituteur tapait avec
ses doigts sur l'oreille saine, afin de bien vider l'autre.
265 Césaire Horlaville, lui-même, était entré pour voir,
son fouet à la main.

Et, soudain, on aperçut au fond de la cuvette un
petit point brun, pas plus gros qu'un grain d'oignon.
Cela remuait, pourtant. C'était une puce ! Des cris
270 d'étonnement s'élevèrent, puis des rires éclatants. Une
puce ! Ah ! elle était bien bonne, bien bonne ! Caniveau
se tapait sur la cuisse, Césaire Horlaville fit claquer son

---

1. *Fil-en-six* : eau-de-vie.

fouet ; le curé s'esclaffait à la façon des ânes qui
braient, l'instituteur riait comme on éternue, et les deux
275 femmes poussaient de petits cris de gaieté pareils au
gloussement des poules.

Belhomme s'était assis sur la table, et ayant pris sur
ses genoux la cuvette, il contemplait avec une attention
grave et une colère joyeuse dans l'œil la bestiole vaincue
280 qui tournait dans sa goutte d'eau.

Il grogna : « Te v'là, charogne », et cracha dessus.

Le cocher, fou de gaieté, répétait : « Eune puce, eune
puce, ah ! te v'là, sacré puçot, sacré puçot, sacré
puçot ! »

285 Puis, s'étant un peu calmé, il cria : « Allons, en
route ! V'là assez de temps perdu. »

Et les voyageurs, riant toujours, s'en allèrent vers la
voiture.

Cependant Belhomme, venu le dernier, déclara : « Mé,
290 j'm'en r'tourne à Criquetot. J'ai pu que fé au Havre à
cette heure. »

Le cocher lui dit : « N'importe, paie ta place ! »

— Je t'en dé que la moitié pisque j'ai point passé mi-
chemin.

295 — Tu dois tout pisque t'as r'tenu jusqu'au bout. »

Et une dispute commença qui devint bientôt une
querelle furieuse : Belhomme jurait qu'il ne donnerait
que vingt sous, Césaire Horlaville affirmait qu'il en
recevrait quarante.

300 Et ils criaient, nez contre nez, les yeux dans les yeux.

Caniveau redescendit. « D'abord, tu dés quarante
sous au curé, t'entends, et pi une tournée à tout le
monde, ça fait chiquante-chinq, et pi t'en donneras
vingt à Césaire. Ça va-t-il, dégourdi ? »

305   Le cocher, enchanté de voir Belhomme débourser trois francs soixante et quinze, répondit : « Ça va !

— Allons paie.

— J'paierai point. L'curé n'est pas médecin d'abord.

— Si tu n'paies point, j'te r'mets dans la voiture à
310 Césaire et j't'emporte au Havre. »

   Et le colosse, ayant saisi Belhomme par les reins, l'enleva comme un enfant.

   L'autre vit bien qu'il faudrait céder. Il tira sa bourse, et paya.

315   Puis la voiture se remit en marche vers Le Havre, tandis que Belhomme retournait à Criquetot, et tous les voyageurs, muets à présent, regardaient sur la route blanche la blouse bleue du paysan, balancée sur ses longues jambes.

Première publication
dans le journal *Gil Blas,* 22 septembre 1885.
Repris dans le volume *Monsieur Parent,* en 1886.

La Bête à maît' Belhomme

LE MONSTRE DANS UN UNIVERS FAMILIER

1. Relevez les termes réalistes qui décrivent la diligence.

2. Quel parcours effectue-t-elle ?

3. À la lecture de ce texte, quelles sont les particularités lexicales (de vocabulaire) et syntaxiques (de grammaire) du dialecte normand ?

4. Relevez les expressions qui présentent « la bête » comme un animal fantastique, échappant aux lois de la nature.

5. À quelle ligne découvre-t-on sa véritable identité ?

UNE GALERIE DE PORTRAITS

6. Étudiez, sous forme de tableau, la façon dont chaque personnage est caractérisé :

Noms	Traits physiques	Comportement
Horlaville		
Le curé		
Etc.		

7. Donnez une définition de l'ironie, en vous aidant éventuellement d'un dictionnaire. En quoi consiste celle de Maupassant ?

L'ARGENT

8. Pourquoi Belhomme a-t-il peur du médecin ? Pourquoi, à votre avis, préfère-t-il consulter un guérisseur ?

9. À quelles opérations se prête-t-il pour se soigner ?

10. Quel est l'enjeu de la querelle finale ? Citez le texte à l'appui de votre réponse.

11. Comment la situation se dénoue-t-elle ?

Hautot père (Alexis Nitzer) et César (Christian Cloarec).
Adaptation télévisée de Claude Santelli, 1986.

Hautot père et fils

1

DEVANT la porte de la maison, demi-ferme, demi-manoir[1], une de ces habitations rurales mixtes qui furent presque seigneuriales et qu'occupent à présent de gros cultivateurs, les chiens, attachés aux pommiers de la
5 cour, aboyaient et hurlaient à la vue des carnassières[2] portées par le garde et des gamins. Dans la grande salle à manger-cuisine, Hautot père, Hautot fils, M. Bermont, le percepteur, et M. Mondaru, le notaire, cassaient une croûte et buvaient un verre avant de se mettre en
10 chasse, car c'était jour d'ouverture.

Hautot père, fier de tout ce qu'il possédait, vantait d'avance le gibier que ses invités allaient trouver sur ses terres. C'était un grand Normand, un de ces hommes puissants, sanguins, osseux, qui lèvent sur leurs épaules
15 des voitures de pommes. Demi-paysan, demi-monsieur, riche, respecté, influent, autoritaire, il avait fait suivre ses classes, jusqu'en troisième, à son fils Hautot César, afin qu'il eût de l'instruction, et il avait arrêté là ses études de peur qu'il devînt un monsieur indifférent à
20 la terre.

Hautot César, presque aussi haut que son père, mais

---

1. *Manoir* : petit château campagnard.
2. *Carnassières* : gibecières.

plus maigre, était un bon garçon de fils, docile, content
de tout, plein d'admiration, de respect et de déférence[1]
pour les volontés et les opinions de Hautot père.

25   M. Bermont, le percepteur, un petit gros qui montrait
sur ses joues rouges de minces réseaux de veines violettes
pareils aux affluents et au cours tortueux des fleuves
sur les cartes de géographie, demandait : « Et du lièvre
— y en a-t-il, du lièvre ?... »

30   Hautot père répondit : « Tant que vous en voudrez,
surtout dans les fonds du Puysatier.

— Par où commençons-nous ? » interrogea le notaire,
un bon vivant de notaire gras et pâle, bedonnant aussi
et sanglé dans un costume de chasse tout neuf, acheté
35 à Rouen l'autre semaine.

« Eh bien, par là, par les fonds. Nous jetterons les
perdrix dans la plaine et nous nous rabattrons dessus. »

Et Hautot père se leva. Tous l'imitèrent, prirent leurs
fusils dans les coins, examinèrent les batteries, tapèrent
40 du pied pour s'affermir dans leurs chaussures un peu
dures, pas encore assouplies par la chaleur du sang ;
puis ils sortirent ; et les chiens se dressant au bout des
attaches poussèrent des hurlements aigus en battant l'air
de leurs pattes.

45   On se mit en route vers les fonds. C'était un petit
vallon, ou plutôt une grande ondulation de terres de
mauvaise qualité, demeurées incultes pour cette raison,
sillonnées de ravines, couvertes de fougères, excellente
réserve de gibier.

---

1. *Déférence* : soumission, égards.

50 Les chasseurs s'espacèrent, Hautot père tenant la droite, Hautot fils tenant la gauche, et les deux invités au milieu. Le garde et les porteurs de carniers[1] suivaient. C'était l'instant solennel où on attend le premier coup de fusil, où le cœur bat un peu, tandis que le doigt
55 nerveux tâte à tout instant les gâchettes.

Soudain, il partit, ce coup ! Hautot père avait tiré. Tous s'arrêtèrent et virent une perdrix, se détachant d'une compagnie qui fuyait à tire-d'aile, tomber dans un ravin sous une broussaille épaisse. Le chasseur excité
60 se mit à courir, enjambant, arrachant les ronces qui le retenaient, et il disparut à son tour dans le fourré, à la recherche de sa pièce.

Presque aussitôt, un second coup de feu retentit.

« Ah ! ah ! le gredin, cria M. Bermont, il aura
65 déniché un lièvre là-dessous. »

Tous attendaient, les yeux sur ce tas de branches impénétrables au regard.

Le notaire, faisant un porte-voix de ses mains, hurla : « Les avez-vous ? » Hautot père ne répondit pas ; alors,
70 César, se tournant vers le garde, lui dit : « Va donc l'aider, Joseph. Il faut marcher en ligne. Nous attendrons. »

Et Joseph, un vieux tronc d'homme sec, noueux[2], dont toutes les articulations faisaient des bosses, partit
75 d'un pas tranquille et descendit dans le ravin, en

---

1. *Carniers :* gibecières.
2. *Noueux :* se dit du bois qui a beaucoup de nœuds.

cherchant les trous praticables avec des précautions de renard. Puis, tout de suite, il cria : « Oh ! v'nez ! v'nez ! y a un malheur d'arrivé. »

Tous accoururent et plongèrent dans les ronces. Hautot père, tombé sur le flanc, évanoui, tenait à deux mains son ventre d'où coulait à travers sa veste de toile déchirée par le plomb de longs filets de sang sur l'herbe. Lâchant son fusil pour saisir la perdrix morte à portée de sa main, il avait laissé tomber l'arme dont le second coup, partant au choc, lui avait crevé les entrailles. On le tira du fossé, on le dévêtit, et on vit une plaie affreuse par où les intestins sortaient. Alors, après qu'on l'eut ligaturé[1] tant bien que mal, on le reporta chez lui et on attendit le médecin qu'on avait été quérir[2], avec un prêtre.

Quand le docteur arriva, il remua la tête gravement, et se tournant vers Hautot fils qui sanglotait sur une chaise : « Mon pauvre garçon, dit-il, ça n'a pas bonne tournure. »

Mais quand le pansement fut fini, le blessé remua les doigts, ouvrit la bouche, puis les yeux, jeta devant lui des regards troubles, hagards, puis parut chercher dans sa mémoire, se souvenir, comprendre, et il murmura : « Nom d'un nom, ça y est ! »

Le médecin lui tenait la main. « Mais non, mais non, quelques jours de repos seulement, ça ne sera rien. »

---

1. *L'eut ligaturé :* ait enroulé un linge autour de sa blessure.
2. *Quérir :* chercher.

Hautot reprit : « Ça y est ! j'ai l'ventre crevé ! Je le sais bien. »

Puis soudain : « J'veux parler au fils, si j'ai le temps. »

Hautot fils, malgré lui, larmoyait et répétait comme un petit garçon : « P'pa, p'pa, pauv'e p'pa ! »

Mais le père, d'un ton plus ferme : « Allons pleure pu, c'est pas le moment. J'ai à te parler. Mets-toi là, tout près, ça sera vite fait, et je serai plus tranquille. Vous autres, une minute s'il vous plaît. »

Tous sortirent laissant le fils en face du père.

Dès qu'ils furent seuls : « Écoute, fils, tu as vingt-quatre ans, on peut te dire les choses. Et puis il n'y a pas tant de mystère à ça que nous en mettons. Tu sais bien que ta mère est morte depuis sept ans, pas vrai, et que je n'ai pas plus de quarante-cinq ans, moi, vu que je me suis marié à dix-neuf. Pas vrai ? »

Le fils balbutia : « Oui, c'est vrai.

— Donc ta mère est morte depuis sept ans, et moi je suis resté veuf. Eh bien ! ce n'est pas un homme comme moi qui peut rester veuf à trente-sept ans, pas vrai ? »

Le fils répondit : « Oui, c'est vrai. »

Le père haletant, tout pâle et la face crispée, continua : « Dieu que j'ai mal ! Eh bien, tu comprends. L'homme n'est pas fait pour vivre seul, mais je ne voulais pas donner une suivante à ta mère, vu que je lui avais promis ça. Alors... tu comprends ?

— Oui, père.

— Donc, j'ai pris une petite à Rouen, rue de l'Éperlan, 18 au troisième, la seconde porte — je te dis tout ça,

n'oublie pas —, mais une petite qui a été gentille tout
plein pour moi, aimante, dévouée, une vraie femme,
135 quoi ? Tu saisis, mon gars ?

— Oui, père.

— Alors, si je m'en vas, je lui dois quelque chose,
mais quelque chose de sérieux qui la mettra à l'abri.
Tu comprends ?

140 — Oui, père.

— Je te dis que c'est une brave fille, mais là, une
brave, et que, sans toi, et sans le souvenir de ta mère,
et puis sans la maison où nous avons vécu tous trois,
je l'aurais amenée ici, et puis épousée, pour sûr...
145 écoute... écoute... mon gars... j'aurais pu faire un
testament... je n'en ai point fait ! Je n'ai pas voulu...
car il ne faut point écrire les choses... ces choses-là...
ça nuit trop aux légitimes... et puis ça embrouille tout...
ça ruine tout le monde ! Vois-tu, le papier timbré, n'en
150 faut pas, n'en fais jamais usage. Si je suis riche, c'est
que je ne m'en suis point servi de ma vie. Tu comprends,
mon fils !

— Oui, père.

— Écoute encore... Écoute bien... Donc je n'ai pas fait
155 de testament... je n'ai pas voulu..., et puis je te connais,
tu as bon cœur, tu n'es pas ladre[1], pas regardant, quoi.
Je me suis dit que, sur ma fin, je te conterais les choses
et que je te prierais de ne pas oublier la petite :

— Caroline Donet, rue de l'Éperlan, 18, au troisième,

---

1. *Ladre* : avare.

160 la seconde porte, n'oublie pas. — Et puis, écoute
encore. Vas-y tout de suite quand je serai parti — et
puis arrange-toi pour qu'elle ne se plaigne pas de ma
mémoire. — Tu as de quoi. — Tu le peux, — je
te laisse assez... Écoute... En semaine on ne la trouve
170 pas. Elle travaille chez Mme Moreau, rue Beauvoisine.
Vas-y le jeudi. Ce jour-là elle m'attend. C'est mon
jour, depuis six ans. Pauvre p'tite, va-t-elle pleurer !...
Je te dis tout ça, parce que je te connais bien, mon
fils. Ces choses-là on ne les conte pas au public, ni
175 au notaire, ni au curé. Ça se fait, tout le monde
le sait, mais ça ne se dit pas, sauf nécessité. Alors,
personne d'étranger dans le secret, personne que la
famille, parce que la famille, c'est tous en un seul.
Tu comprends ?

180 — Oui, père.

— Tu promets ?

— Oui, père.

— Tu jures ?

— Oui, père.

185 — Je t'en prie, je t'en supplie, fils, n'oublie pas. J'y
tiens.

— Non, père.

— Tu iras toi-même. Je veux que tu t'assures de tout.

— Oui, père.

190 — Et puis tu verras... tu verras ce qu'elle t'expliquera.
Moi, je ne peux pas te dire plus. C'est juré ?

— Oui, père.

— C'est bon, mon fils. Embrasse-moi. Adieu. Je vas
claquer, j'en suis sûr. Dis-leur qu'ils entrent. »

195 Hautot fils embrassa son père en gémissant, puis,

toujours docile, ouvrit la porte, et le prêtre parut, en surplis[1] blanc, portant les saintes huiles[2].

Mais le moribond avait fermé les yeux, et il refusa de les rouvrir, il refusa de répondre, il refusa de montrer, même par un signe, qu'il comprenait.

Il avait assez parlé, cet homme, il n'en pouvait plus. Il se sentait d'ailleurs à présent le cœur tranquille, il voulait mourir en paix. Qu'avait-il besoin de se confesser au délégué de Dieu, puisqu'il venait de se confesser à son fils, qui était de la famille, lui ?

Il fut administré, purifié, absous[3], au milieu de ses amis et de ses serviteurs agenouillés, sans qu'un seul mouvement de son visage révélât qu'il vivait encore.

Il mourut vers minuit, après quatre heures de tressaillements indiquant d'atroces souffrances.

2

Ce fut le mardi qu'on l'enterra, la chasse ayant ouvert le dimanche. Rentré chez lui, après avoir conduit son père au cimetière, César Hautot passa le reste du jour à pleurer. Il dormit à peine la nuit suivante et il se sentit si triste en s'éveillant qu'il se demandait comment il pourrait continuer à vivre.

---

1. *Surplis* : vêtement de toile fine qui se porte par-dessus la soutane pendant la messe.
2. *Saintes huiles* : huiles servant au sacrement des mourants, à l'extrême-onction.
3. *Absous* : pardonné par l'Église.

Jusqu'au soir cependant il songea que, pour obéir à la dernière volonté paternelle, il devait se rendre à Rouen le lendemain, et voir cette fille Caroline Donet
220 qui demeurait rue de l'Éperlan, 18, au troisième étage, la seconde porte. Il avait répété, tout bas, comme on marmotte[1] une prière, ce nom et cette adresse, un nombre incalculable de fois, afin de ne pas les oublier, et il finissait par les balbutier indéfiniment, sans pouvoir
225 s'arrêter ou penser à quoi que ce fût, tant sa langue et son esprit étaient possédés par cette phrase.

Donc le lendemain, vers huit heures, il ordonna d'atteler Graindorge au tilbury[2] et partit au grand trot du lourd cheval normand sur la grand-route d'Ainville
230 à Rouen. Il portait sur le dos sa redingote noire, sur la tête son grand chapeau de soie et sur les jambes sa culotte à sous-pieds, et il n'avait pas voulu, vu la circonstance, passer par-dessus son beau costume, la blouse bleue qui se gonfle au vent, garantit le drap de
235 la poussière et des taches, et qu'on ôte prestement à l'arrivée, dès qu'on a sauté de voiture.

Il entra dans Rouen alors que dix heures sonnaient, s'arrêta comme toujours à l'hôtel des Bons-Enfants, rue des Trois-Mares, subit les embrassades du patron, de la
240 patronne et de ses cinq fils, car on connaissait la triste nouvelle ; puis, il dut donner des détails sur l'accident, ce qui le fit pleurer, repousser les services de toutes ces

---

1. *Marmotte* : marmonne.
2. *Tilbury* : cabriolet léger, du nom de son inventeur (mot d'origine anglaise).

gens, empressées parce qu'ils le savaient riche, et refuser même leur déjeuner, ce qui les froissa.

245 Ayant donc épousseté son chapeau, brossé sa redingote et essuyé ses bottines, il se mit à la recherche de la rue de l'Éperlan, sans oser prendre de renseignements près de personne, de crainte d'être reconnu et d'éveiller les soupçons.

250 À la fin, ne trouvant pas, il aperçut un prêtre, et se fiant à la discrétion professionnelle des hommes d'Église, il s'informa auprès de lui.

Il n'avait que cent pas à faire, c'était justement la deuxième rue à droite.

255 Alors, il hésita. Jusqu'à ce moment, il avait obéi comme une brute à la volonté du mort. Maintenant il se sentait tout remué, confus, humilié à l'idée de se trouver, lui, le fils, en face de cette femme qui avait été la maîtresse de son père. Toute la morale qui gît 260 en nous, tassée au fond de nos sentiments par des siècles d'enseignement héréditaire, tout ce qu'il avait appris depuis le catéchisme sur les créatures de mauvaise vie, le mépris instinctif que tout homme porte en lui contre elles, même s'il en épouse une, toute son 265 honnêteté bornée de paysan, tout cela s'agitait en lui, le retenait, le rendait honteux et rougissant.

Mais il pensa : « J'ai promis au père. Faut pas y manquer. » Alors il poussa la porte entrebâillée de la maison marquée du numéro 18, découvrit un escalier 270 sombre, monta trois étages, aperçut une porte, puis une seconde, trouva une ficelle de sonnette et tira dessus.

Le din-din qui retentit dans la chambre voisine lui fit passer un frisson dans le corps. La porte s'ouvrit et il

se trouva en face d'une jeune dame très bien habillée,
275 brune, au teint coloré, qui le regardait avec des yeux
stupéfaits.

Il ne savait que lui dire, et, elle, qui ne se doutait
de rien, et qui attendait l'autre, ne l'invitait pas à entrer.
Ils se contemplèrent ainsi pendant près d'une demi-
280 minute. À la fin elle demanda : « Vous désirez,
monsieur ? »

Il murmura : « Je suis Hautot fils. »

Elle eut un sursaut, devint pâle, et balbutia comme
si elle le connaissait depuis longtemps : « Monsieur
285 César ?

— Oui...

— Et alors ?...

— J'ai à vous parler de la part du père. »

Elle fit « Oh ! mon Dieu ! » et recula pour qu'il
290 entrât. Il ferma la porte et la suivit.

Alors il aperçut un petit garçon de quatre ou cinq
ans, qui jouait avec un chat, assis par terre devant un
fourneau d'où montait une fumée de plats tenus au
chaud.

295 « Asseyez-vous », disait-elle.

Il s'assit... Elle demanda : « Eh bien ? »

Il n'osait plus parler, les yeux fixés sur la table
dressée au milieu de l'appartement, et portant trois
couverts, dont un d'enfant. Il regardait la chaise tournée
300 dos au feu, l'assiette, la serviette, les verres, la bouteille
de vin rouge entamée et la bouteille de vin blanc
intacte. C'était la place de son père, dos au feu ! On
l'attendait. C'était son pain qu'il voyait, qu'il
reconnaissait près de la fourchette, car la croûte était

305 enlevée à cause des mauvaises dents d'Hautot. Puis, levant les yeux, il aperçut, sur le mur, son portrait, la grande photographie faite à Paris l'année de l'Exposition[1], la même qui était clouée au-dessus du lit dans la chambre à coucher d'Ainville.

310 La jeune femme reprit : « Eh bien, monsieur César ? »

Il la regarda. Une angoisse l'avait rendue livide et elle attendait, les mains tremblantes de peur.

Alors il osa. « Eh bien, mam'zelle, papa est mort 315 dimanche, en ouvrant la chasse. »

Elle fut si bouleversée qu'elle ne remua pas. Après quelques instants de silence, elle murmura d'une voix presque insaisissable : « Oh ! pas possible ! »

Puis, soudain, des larmes parurent dans ses yeux, et 320 levant ses mains elle se couvrit la figure en se mettant à sangloter.

Alors, le petit tourna la tête, et voyant sa mère en pleurs, hurla. Puis, comprenant que ce chagrin subit venait de cet inconnu, il se rua sur César, saisit d'une 325 main sa culotte et de l'autre il lui tapait la cuisse de toute sa force. Et César demeurait éperdu, attendri, entre cette femme qui pleurait son père et cet enfant qui défendait sa mère. Il se sentait lui-même gagné par l'émotion, les yeux enflés par le chagrin ; et, pour 330 reprendre contenance, il se mit à parler. « Oui, disait-

---

1. *L'Exposition :* allusion à l'Exposition universelle qui allait se tenir en mai 1889. Tout le monde en parlait et donnait son opinion sur la tour Eiffel construite à cette occasion.

il, le malheur est arrivé dimanche matin, sur les huit
heures... » Et il contait, comme si elle l'eût écouté,
n'oubliant aucun détail, disant les plus petites choses
avec une minutie de paysan. Et le petit tapait toujours,
335 lui lançant à présent des coups de pied dans les chevilles.

Quand il arriva au moment où Hautot père avait
parlé d'elle, elle entendit son nom, découvrit sa figure
et demanda : « Pardon, je ne vous suivais pas, je
voudrais bien savoir... Si ça ne vous contrariait pas de
340 recommencer. »

Il recommença dans les mêmes termes : « Le malheur
est arrivé dimanche matin sur les huit heures... »

Il dit tout, longuement, avec des arrêts, des points,
des réflexions venues de lui, de temps en temps. Elle
345 l'écoutait avidement, percevant avec sa sensibilité
nerveuse de femme toutes les péripéties qu'il racontait,
et tressaillant d'horreur, faisant : « Oh mon Dieu ! »
parfois. Le petit, la croyant calmée, avait cessé de battre
César pour prendre la main de sa mère, et il écoutait
350 aussi, comme s'il eût compris.

Quand le récit fut terminé, Hautot fils reprit :
« Maintenant, nous allons nous arranger ensemble
suivant son désir. Écoutez, je suis à mon aise, il m'a
laissé du bien. Je ne veux pas que vous ayez à vous
355 plaindre... »

Mais elle l'interrompit vivement. « Oh ! monsieur
César, monsieur César, pas aujourd'hui. J'ai le cœur
coupé... Une autre fois, un autre jour.... Non, pas
aujourd'hui... Si j'accepte, écoutez... ce n'est pas pour
360 moi... non, non, non, je vous le jure. C'est pour le
petit. D'ailleurs, on mettra ce bien sur sa tête. »

Alors César, effaré, devina, et balbutiant : « Donc... c'est à lui... le p'tit ?

— Mais oui », dit-elle.

365 Et Hautot fils regarda son frère avec une émotion confuse, forte et pénible.

Après un long silence, car elle pleurait de nouveau, César, tout à fait gêné, reprit : « Eh bien, alors, mam'zelle Donet, je vas m'en aller. Quand voulez-vous
370 que nous parlions de ça ? »

Elle s'écria : « Oh ! non, ne partez pas, ne partez pas, ne me laissez pas toute seule avec Émile ! Je mourrais de chagrin. Je n'ai plus personne, personne que mon petit. Oh ! quelle misère, quelle misère, monsieur César !
375 Tenez, asseyez-vous. Vous allez encore me parler. Vous me direz ce qu'il faisait, là-bas, toute la semaine. »

Et César s'assit, habitué à obéir.

Elle approcha, pour elle, une autre chaise de la sienne, devant le fourneau où les plats mijotaient[1] toujours, prit
380 Émile sur ses genoux, et elle demanda à César mille choses sur son père, des choses intimes où l'on voyait, où il sentait sans raisonner qu'elle avait aimé Hautot de tout son pauvre cœur de femme.

Et, par l'enchaînement naturel de ses idées, peu
385 nombreuses, il en revint à l'accident et se remit à le raconter avec tous les mêmes détails.

Quand il dit : « Il avait un trou dans le ventre, on y aurait mis les deux poings », elle poussa une sorte de cri, et les sanglots jaillirent de nouveau de ses yeux.

---

1. *Mijotaient* : cuisaient à feu doux.

390 Alors, saisi par la contagion, César se mit aussi à
pleurer, et comme les larmes attendrissent toujours les
fibres du cœur, il se pencha vers Émile dont le front
se trouvait à portée de sa bouche et l'embrassa.

La mère, reprenant haleine, murmurait : « Pauvre
395 gars, le voilà orphelin.

— Moi aussi », dit César.

Et ils ne parlèrent plus.

Mais soudain, l'instinct pratique de ménagère, habituée
à songer à tout, se réveilla chez la jeune femme. « Vous
400 n'avez peut-être rien pris de la matinée, monsieur
César ?

— Non, mam'zelle.

— Oh ! vous devez avoir faim. Vous allez manger un
morceau.

405 — Merci, dit-il, je n'ai pas faim, j'ai eu trop de
tourment. »

Elle répondit : « Malgré la peine, faut bien vivre,
vous ne me refuserez pas ça ! Et puis vous resterez un
peu plus. Quand vous serez parti, je ne sais pas ce que
410 je deviendrai. »

Il céda, après quelque résistance encore, et s'asseyant
dos au feu, en face d'elle, il mangea une assiette de
tripes qui crépitaient dans le fourneau et but un verre
de vin rouge. Mais il ne permit point qu'elle débouchât
415 le vin blanc.

Plusieurs fois il essuya la bouche du petit qui avait
barbouillé de sauce tout son menton.

Comme il se levait pour partir, il demanda : « Quand
est-ce voulez-vous que je revienne pour parler de l'affaire,
420 mam'zelle Donet ?

219

— Si ça ne vous faisait rien, jeudi prochain, monsieur César. Comme ça je ne perdrais pas de temps. J'ai toujours mes jeudis libres.

— Ça me va, jeudi prochain.

425 — Vous viendrez déjeuner, n'est-ce pas ?

— Oh ! quant à ça, je ne peux pas le promettre.

— C'est qu'on cause mieux en mangeant. On a plus de temps aussi.

— Eh bien, soit. Midi alors. »

430 Et il s'en alla après avoir encore embrassé le petit Émile, et serré la main de Mlle Donet.

3

La semaine parut longue à César Hautot. Jamais il ne s'était trouvé seul et l'isolement lui semblait insupportable. Jusqu'alors, il vivait à côté de son père,
435 comme son ombre, le suivait aux champs, surveillait l'exécution de ses ordres, et quand il l'avait quitté pendant quelque temps le retrouvait au dîner. Ils passaient les soirs à fumer leurs pipes en face l'un de l'autre, en causant chevaux, vaches ou moutons ; et la
440 poignée de main qu'ils se donnaient au réveil semblait l'échange d'une affection familiale et profonde.

Maintenant César était seul. Il errait par les labours d'automne, s'attendant toujours à voir se dresser au bout d'une plaine la grande silhouette gesticulante du
445 père. Pour tuer les heures, il entrait chez les voisins, racontait l'accident à tous ceux qui ne l'avaient pas entendu, le répétait quelquefois aux autres. Puis, à bout d'occupations et de pensées, il s'asseyait au bord d'une

route en se demandant si cette vie-là allait durer
450 longtemps.

Souvent il songea à Mlle Donet. Elle lui avait plu. Il
l'avait trouvée comme il faut, douce et brave fille,
comme avait dit le père. Oui, pour une brave fille,
c'était assurément une brave fille. Il était résolu à faire
455 les choses grandement et à lui donner deux mille francs
de rente en assurant le capital à l'enfant. Il éprouvait
même un certain plaisir à penser qu'il allait la revoir le
jeudi suivant, et arranger cela avec elle. Et puis l'idée
de ce frère, de ce petit bonhomme de cinq ans, qui
460 était le fils de son père, le tracassait, l'ennuyait un peu
et l'échauffait en même temps. C'était une espèce de
famille qu'il avait là dans ce mioche clandestin qui ne
s'appellerait jamais Hautot, une famille qu'il pouvait
prendre ou laisser à sa guise, mais qui lui rappelait le
465 père.

Aussi, quand il se vit sur la route de Rouen, le jeudi
matin, emporté par le trot sonore de Graindorge, il
sentit son cœur plus léger, plus reposé qu'il ne l'avait
encore eu depuis son malheur.

470 En entrant dans l'appartement de Mlle Donet, il vit
la table mise comme le jeudi précédent, avec cette seule
différence que la croûte du pain n'était pas ôtée.

Il serra la main de la jeune femme, baisa Émile sur
les joues et s'assit, un peu comme chez lui, le cœur
475 gros tout de même. Mlle Donet lui parut un peu
maigrie, un peu pâlie. Elle avait dû rudement pleurer.
Elle avait maintenant un air gêné devant lui comme si
elle eût compris ce qu'elle n'avait pas senti l'autre
semaine sous le premier coup de son malheur, et elle

221

480 le traitait avec des égards excessifs, une humilité douloureuse, et des soins touchants comme pour lui payer en attention et en dévouement les bontés qu'il avait pour elle. Ils déjeunèrent longuement, en parlant de l'affaire qui l'amenait. Elle ne voulait pas tant
485 d'argent. C'était trop, beaucoup trop. Elle gagnait assez pour vivre, elle, mais elle désirait seulement qu'Émile trouvât quelques sous devant lui quand il serait grand. César tint bon, et ajouta même un cadeau de mille francs pour elle, pour son deuil.

490 Comme il avait pris son café, elle demanda : « Vous fumez ?

— Oui... J'ai ma pipe. »

Il tâta sa poche. Nom d'un nom, il l'avait oubliée ! Il allait se désoler quand elle lui offrit une pipe du
495 père, enfermée dans une armoire. Il accepta, la prit, la reconnut, la flaira, proclama sa qualité avec une émotion dans la voix, l'emplit de tabac et l'alluma. Puis il mit Émile à cheval sur sa jambe et le fit jouer au cavalier pendant qu'elle desservait la table et enfermait, dans le
500 bas du buffet, la vaisselle sale pour la laver, quand il serait sorti.

Vers trois heures, il se leva à regret, tout ennuyé à l'idée de partir. « Eh bien ! mam'zelle Donet, dit-il, je vous souhaite le bonsoir et charmé de vous avoir trouvée
505 comme ça. »

Elle restait devant lui, rouge, bien émue, et le regardait en songeant à l'autre. « Est-ce que nous ne nous reverrons plus ? » dit-elle.

Il répondit simplement : « Mais oui, mam'zelle, si
510 ça vous fait plaisir.

— Certainement, monsieur César. Alors, jeudi prochain, ça vous irait-il ?

— Oui, mam'zelle Donet.

— Vous venez déjeuner, bien sûr ?

— Mais..., si vous voulez bien, je ne refuse pas.

— C'est entendu, monsieur César, jeudi prochain, midi, comme aujourd'hui.

— Jeudi midi, mam'zelle Donet ! »

Première publication
dans le journal l'*Écho de Paris*, 5 janvier 1889.
Repris dans le volume *la Main gauche*, en 1889.

Hautot père et fils

LES RAPPORTS PÈRE-FILS

1. Quelle est la situation sociale de la famille Hautot ?
2. Décrivez le caractère de César.
3. Pourquoi Hautot a-t-il fait suivre des études à son fils ?
4. Pourquoi les lui a-t-il fait interrompre en troisième ?
5. Quels sentiments unissent le père et le fils ? Citez des exemples précis tirés du texte à l'appui de votre réponse.

L'AVEU

6. Dans quelles circonstances le drame survient-il ?
7. Quel portrait le père fait-il de Caroline Donet ? Vous vous attacherez particulièrement au vocabulaire choisi pour la décrire.
8. Pourquoi n'a-t-il jamais voulu installer la jeune femme chez lui ?
9. Comment réagit César à l'annonce des révélations que lui fait son père ?
10. Qu'éprouve-t-il à la mort de celui-ci ?

UNE RENCONTRE INSOLITE

11. Donnez un titre aux trois parties de la nouvelle. Combien de temps s'écoule-t-il entre chacune d'elles ?
12. Caroline Donet correspond-elle au portrait esquissé par Hautot ? Justifiez votre réponse à l'aide d'exemples précis tirés du texte.
13. Que ressent le fils en sa présence ?
14. Par quoi la réplique des lignes 362 - 363 est-elle préparée ?
15. Pourquoi Hautot a-t-il tu à son fils l'existence d'un demi-frère ?
16. À la lumière du titre, comment peut-on imaginer la suite de l'histoire ?

Documentation thématique

Le paysan, un personnage contrasté

« Grenier à blé » de l'Europe, la France est un pays de tradition agricole. La révolution industrielle n'a ébranlé que tardivement le règne de la propriété foncière (relative à la terre) et l'attachement séculaire au terroir. De nos jours, les progrès de la mécanisation, l'essor des industries agroalimentaires et la désertion des campagnes ont sans doute modifié les conditions de vie rurales. Cependant, la figure du paysan continue de hanter les imaginations. Le mot lui-même évoque tantôt le charme des coutumes ancestrales, tantôt l'apparence d'un rustre, d'un lourdaud, et peut facilement prendre une valeur insultante dans la bouche d'un automobiliste parisien en colère. Pourquoi un si large éventail de significations ?

L'homme des villes et l'homme des champs

Dès l'Antiquité, la ville est apparue comme le modèle de l'ordre, de la distinction et du bon goût. Le cultivateur, lui, vit à la campagne ; il élève dans sa ferme des animaux. Comme eux, on l'imagine encore à demi sauvage, grossier, arriéré. Les mots « police », « poli », « politesse », « civilisation » viennent du grec *polis* ou du latin *civis* qui signifient « ville », « cité » et « citoyen ». Ainsi, il s'établit un jeu d'oppositions simplificatrices : la vie rurale est identifiée à la barbarie et la communauté urbaine à la fine fleur du progrès matériel et moral. C'est à cette image négative du paysan que renvoient le *Dom Juan* de Molière (1665) avec la stupidité caricaturale de Pierrot, ou le portrait peu flatteur écrit par La Bruyère : « Ils ont comme une voix articulée, et quand ils se lèvent sur leurs pieds, ils montrent une face humaine, et en effet ils sont des hommes » (*Caractères,* XI, 28, 1688 - 1696).

Cependant, s'il vit aux champs, l'agriculteur ignore précisément les tentations dangereuses de la ville : le luxe, la corruption des mœurs, l'artifice. Il a su rester proche de la nature (comme dans la chanson de Jean Ferrat, *la Montagne*) et, pour cela, il peut représenter pour le citadin un rêve, voire un idéal.

Bergères et vilains

À l'époque féodale, le paysan était un serf, esclave plutôt qu'ouvrier agricole, étroitement contrôlé par le seigneur. Les révoltes n'étaient pas rares : les « vilains », comme on les appelait au Moyen Âge, se regroupaient et se soulevaient parfois contre les nobles au cours de jacqueries réprimées avec violence. Ainsi, sous l'Ancien Régime, les paysans ont pu apparaître comme une classe dangereuse aux yeux de l'aristocratie au pouvoir.

Mais en même temps, la simplicité et la rusticité de leurs mœurs ont été une source d'inspiration inépuisable pour les artistes et les intellectuels. Ceux-ci renouent avec la tradition des poètes grecs — comme Théocrite (v. 315 - v. 250 av. J. - C.) dans ses *Idylles* — ou latins — comme Virgile (v. 70 - 19 av. J. - C.) avec les *Bucoliques* — et développent le thème de l'innocence primitive incarnée par la vie tranquille et fruste de jeunes bergères, de vaillants moissonneurs, d'enfants heureux s'adonnant avec joie aux travaux champêtres ou s'en délassant au son de la flûte de Pan.

Cette vision idéalisée de la vie rurale se retrouve dans de nombreuses peintures, sert de motif décoratif en architecture et a fourni le sujet de multiples « bergeries », depuis la Renaissance jusqu'à la reine Marie-Antoinette jouant les fermières dans son hameau rustique du Petit Trianon à Versailles.

Un patrimoine culturel

Transformée en spectacle, la sauvagerie campagnarde devient donc un divertissement mondain. C'est ainsi que Mme de Sévigné s'extasie, des fenêtres de son château, sur la prodigalité de la nature, le rythme des saisons ou les bienfaits du travail. De Bretagne, elle écrit à sa fille : « Savez-vous ce que c'est que faner ? Il faut que je vous l'explique : faner est la plus jolie chose du monde, c'est retourner du foin en batifolant dans une prairie ; dès qu'on en sait tant, on sait faner. Tous mes gens y allèrent gaîment... » (22 juillet 1671).

De nos jours l'homme de la campagne peut encore faire figure de modèle pour l'habitant des villes surpeuplées. Le paysan incarne alors les vertus originelles d'un monde à l'abri du progrès dévastateur, de la pollution ou de l'industrialisation. Il représente la sagesse des Anciens. Autour de son image se rejoignent finalement conservateurs et écologistes : c'est en revenant à la terre et aux valeurs traditionnelles qui lui sont attachées que la nature peut être sauvegardée et la vie redevenir humaine. L'écrivain Saint-Exupéry, parmi tant d'autres, exprime cette idée avec lyrisme : « Le vieux paysan de Provence, au terme de son règne, remet en dépôt à ses fils son lot de chèvres et d'oliviers, afin qu'ils le transmettent, à leur tour, aux fils de leurs fils. On ne meurt qu'à demi dans une lignée paysanne. Chaque existence craque à son tour comme une cosse et livre ses graines » (*Terre des hommes,* 1939).

Les paysans de Maupassant

Au XIXᵉ siècle, le paysan est définitivement entré dans la légende. On assiste au développement parallèle de deux tendances : d'une part, l'idéalisation, d'autre part, le réalisme qui refuse certains clichés ainsi créés.

Maupassant n'embellit ni l'image des paysans ni les conditions dans lesquelles ils travaillent. Il distingue les riches fermiers *(Farce normande, Hautot père et fils)* de la simple main-d'œuvre agricole, ce qui lui permet de décrire des ensembles, des foules bariolées *(la Ficelle, la Bête à maît' Belhomme),* ou encore il brosse des portraits isolés, véritables caricatures *(Pierrot, le Petit Fût,* etc.). Maupassant tient compte des réalités matérielles rendues pénibles par la vie sur une terre inféconde *(Aux champs),* mais il n'hésite pas à créer des types universels ou même à recourir aux stéréotypes (ou clichés). Une expression comme « la face abrutie des paysans » *(Un réveillon)* n'utilise-t-elle pas abusivement le pluriel ? Maupassant peint la réalité avec le souci de ne rien falsifier, mais son ironie et son pessimisme s'exercent peut-être aux dépens d'une objectivité absolue. Si le paysan n'est ni un poète ni un missionnaire, il n'est pas non plus une bête brute !

La terre, rêves et réalité

Un sombre tableau

Glaner (c'est-à-dire ramasser les épis restés sur le sol après la moisson) pourrait apparaître comme une opération estivale agréable, plus proche du divertissement que du travail. Ce n'est pas ainsi que Balzac (1799-1850) présente cette scène, dans *les Paysans*. Analysant sans complaisance la situation économique de la Bourgogne en ce début du XIXe siècle, il décrit la réalité telle qu'il la voit : terre démembrée (c'est-à-dire divisée en petites parcelles) par la Révolution, paysans à demi sauvages, effroyable lutte pour la vie. Michaud, le régisseur, et le comte de Montcornet ne peuvent qu'éprouver de la pitié face à la misère du monde rural.

Au bout des champs moissonnés, sur lesquels étaient les charrettes où s'empilaient les gerbes, il y avait une centaine de créatures qui, certes, laissaient bien loin les plus hideuses conceptions que les pinceaux de Murillo, de Teniers [peintres du XVIIe siècle], les plus hardis en ce genre, et les figures de Callot [graveur du XVIIe siècle], ce prince de la fantaisie des misères, aient réalisées ; leurs jambes de bronze, leurs têtes pelées, leurs haillons déchiquetés, leurs couleurs, si curieusement dégradées, leurs déchirures humides de graisse, leurs reprises, leurs taches, les décolorations des étoffes, les trames mises à jour, enfin leur idéal du matériel des misères était dépassé, de même que les expressions avides, inquiètes, hébétées, idiotes, sauvages de ces figures avaient, sur leurs immortelles compositions, l'avantage éternel que conserve la nature sur l'art. Il y avait des vieilles au cou de dindon, à l'œil chauve et rouge, qui tendaient la tête comme des chiens d'arrêt devant la perdrix, des enfants silencieux comme des soldats sous les armes, des petites filles qui trépignaient comme des animaux attendant leur pâture ; les caractères de l'enfance et de la vieillesse étaient opprimés sous une féroce convoitise : celle du bien d'autrui, qui devenait le leur par abus. Tous les yeux étaient ardents, les gestes menaçaient, et tous gardaient le silence en présence du comte, du garde champêtre et du garde-général. La grande propriété, les fermiers, les travailleurs et les pauvres, toute la campagne était en présence, la question sociale se dessinait nettement, car la faim avait convoqué ces figures provocantes... Le soleil mettait en relief tous ces traits durs, les creux des visages, il brûlait les pieds nus et couverts de poussière, il y avait des enfants sans chemise, à peine couverts d'une blouse déchirée, les cheveux blonds bouclés pleins de paille et de foin, de brins de bois ; quelques femmes en tenaient par la main de tout petits qui marchaient de la veille et qu'on allait laisser rouler dans quelque sillon.

Balzac, *les Paysans*,
Deuxième partie, chap. 6, « La forêt et la moisson », 1844.

Un roman champêtre

Au contraire de Balzac, George Sand (1804-1876) idéalise ses personnages et donne au Berry (région du sud du Bassin parisien) une coloration poétique qui trahit l'influence de Rousseau (1712 - 1778) et des écrivains romantiques. Gommant la rudesse du labourage, elle ne retient que les aspects les plus touchants d'un spectacle où l'homme se montre en harmonie avec la terre nourricière.

Le vieux laboureur travaillait lentement, en silence, sans efforts inutiles. Son docile attelage ne se pressait pas plus que lui ; mais, grâce à la continuité d'un labeur sans distraction et d'une dépense de forces éprouvées et soutenues, son sillon était aussi vite creusé que celui de son fils, qui menait, à quelque distance, quatre bœufs moins robustes, dans une veine de terres plus fortes et plus pierreuses.

Mais ce qui attira ensuite mon attention était véritablement un beau spectacle, un noble sujet pour un peintre. À l'autre extrémité de la plaine labourable, un jeune homme de bonne mine conduisait un attelage magnifique : quatre paires de jeunes animaux à robe sombre mêlée de noir fauve à reflets de feu, avec ces têtes courtes et frisées qui sentent encore le taureau sauvage, ces gros yeux farouches, ces mouvements brusques, ce travail nerveux et saccadé qui s'irrite encore du joug et de l'aiguillon et n'obéit qu'en frémissant de colère à la domination nouvellement imposée. C'est ce qu'on appelle des bœufs fraîchement liés. L'homme qui les gouvernait avait à défricher un coin naguère abandonné au pâturage et rempli de souches séculaires, travail d'athlète auquel suffisaient à peine son énergie, sa jeunesse et ses huit animaux quasi indomptés.

Un enfant de six à sept ans, beau comme un ange, et les épaules couvertes, sur sa blouse, d'une peau d'agneau qui le faisait ressembler au petit saint Jean-Baptiste des peintres de la Renaissance, marchait dans le sillon parallèle à la charrue et piquait le flanc des bœufs avec une gaule longue et légère, armée d'un aiguillon peu acéré. Les fiers animaux frémissaient sous la petite main de l'enfant, et faisaient grincer les jougs et les courroies liés à leur front, en imprimant au timon [pièce de bois à laquelle la bête est attelée] de violentes secousses. Lorsqu'une racine arrêtait le soc, le laboureur criait d'une voix puissante, appelant chaque bête par son nom, mais plutôt pour calmer que pour exciter ; car les bœufs, irrités par cette brusque résistance, bondissaient, creusaient la terre de leurs larges pieds fourchus, et se seraient jetés de côté emportant l'areau [la charrue] à travers champs, si, de la voix et de l'aiguillon, le jeune homme n'eût maintenu les quatre premiers, tandis que l'enfant gouvernait les quatre autres. Il criait aussi, le pauvret, d'une voix qu'il voulait rendre terrible et qui restait douce comme sa figure angélique. Tout cela était beau de force ou de grâce : le paysage, l'homme, l'enfant, les taureaux sous le joug ; et, malgré cette lutte puissante où la terre était vaincue, il y avait un sentiment de douceur et de calme profond qui planait sur toutes choses.

George Sand, *la Mare au diable*, 2, « Le labour », 1846.

Le paradis perdu

Victor Hugo (1802-1885) se réfère directement au mythe de l'âge d'or dans lequel la nature primitive était censée accorder ses fruits avec une bienveillante abondance. Cette vision exclut toute référence à une région particulière et à une époque précise. Mais elle s'inscrit dans une tradition culturelle vivace, celle du grand poète latin Virgile. Victor Hugo s'inspire d'ailleurs, pour le titre de son poème « Mugitusque boum », d'un vers de ce poète extrait des *Géorgiques* (chant II) : « Et les mugissements des bœufs... »

Mugissement des bœufs, au temps du doux Virgile,
Comme aujourd'hui, le soir, quand fuit la nuit agile,
Ou, le matin, quand l'aube aux champs extasiés
Verse à flots la rosée et le jour, vous disiez :

« Mûrissez, blés mouvants ! prés, emplissez-vous
[d'herbes !
Que la terre, agitant son panache de gerbes,
Chante dans l'onde d'or d'une riche moisson !
Vis, bête ; vis, caillou ; vis, homme ; vis, buisson !
À l'heure où le soleil se couche, où l'herbe est pleine
Des grands fantômes noirs des arbres de la plaine
Jusqu'aux lointains coteaux rampant et grandissant,
Quand le brun laboureur des collines descend
Et retourne à son toit d'où sort une fumée,
Que la soif de revoir sa femme bien-aimée
Et l'enfant qu'en ses bras hier il réchauffait,
Que ce désir, croissant à chaque pas qu'il fait,
Imite dans son cœur l'allongement de l'ombre !
Êtres ! choses ! vivez ! sans peur, sans deuil, sans
[nombre !
Que tout s'épanouisse en sourire vermeil !
Que l'homme ait le repos et le bœuf le sommeil !
Vivez ! croissez ! semez le grain à l'aventure !
Qu'on sente frissonner dans toute la nature,
Sous la feuille des nids, au seuil blanc des maisons,
Dans l'obscur tremblement des profonds horizons,
Un vaste emportement d'aimer, dans l'herbe verte,
Dans l'antre, dans l'étang, dans la clairière ouverte,
D'aimer sans fin, d'aimer toujours, d'aimer encor,
Sous la sérénité des sombres astres d'or !
Faites tressaillir l'air, le flot, l'aile, la bouche,
Ô palpitations du grand amour farouche !
Qu'on sente le baiser de l'être illimité !
Et paix, vertu, bonheur, espérance, bonté,

Ô fruits divins, tombez des branches éternelles ! »
Ainsi vous parliez, voix, grandes voix solennelles ;
Et Virgile écoutait comme j'écoute, et l'eau
Voyait passer le cygne auguste, et le bouleau
Le vent, et le rocher l'écume, et le ciel sombre
L'homme... Ô nature ! abîme ! immensité de l'ombre !

Victor Hugo, *les Contemplations,* livre V, « En marche » ;
XVII, « Mugitusque boum », 1856.

Histoire d'un domaine

Pour Émile Zola (1840 - 1902), il n'est pas question
d'embellir la réalité. Avec une précision de géographe,
il situe l'action de son roman, *la Terre,* au cœur de la
Beauce (plaine du Bassin parisien) et entend étudier
avec la minutie d'un historien l'évolution d'une famille
depuis l'Ancien Régime. Les différentes classes sociales :
propriétaires terriens, ouvriers agricoles, bourgeois,
nobles, sont abordées avec le même souci de rigueur
scientifique propre à l'ambition réaliste.

Ces Fouan avaient poussé et grandi là, depuis des
siècles, comme une végétation entêtée et vivace. Anciens
serfs des Rognes-Bouqueval, dont il ne restait aucun
vestige, à peine les quelques pierres enterrées d'un
château détruit, ils avaient dû être affranchis sous
Philippe le Bel ; et, dès lors, ils étaient devenus
propriétaires, un arpent, deux peut-être, achetés au
seigneur dans l'embarras, payés de sueur et de sang dix
fois leur prix. Puis, avait commencé la longue lutte,
une lutte de quatre cents ans, pour défendre et arrondir
ce bien, dans un acharnement de passion que les pères
léguaient aux fils : lopins perdus et rachetés, propriété

dérisoire sans cesse remise en question, héritages écrasés de tels impôts qu'ils semblaient fondre, prairies et pièces de labour peu à peu élargies pourtant, par ce besoin de posséder, d'une ténacité lentement victorieuse. Des générations y succombèrent, de longues vies d'hommes engraissèrent le sol ; mais, lorsque la Révolution de 89 vint consacrer ses droits, le Fouan d'alors, Joseph-Casimir, possédait vingt et un arpents, conquis en quatre siècles sur l'ancien domaine seigneurial.

En 93, ce Joseph-Casimir avait vingt-sept ans ; et, le jour où ce qu'il restait du domaine fut déclaré bien national et vendu par lots aux enchères, il brûla d'en acquérir quelques hectares. Les Rognes-Bouqueval, ruinés, endettés, après avoir laissé crouler la dernière tour du château, abandonnaient depuis longtemps à leurs créanciers les fermages [redevance] de la Borderie, dont les trois quarts des cultures demeuraient en jachères [inexploitées]. Il y avait surtout, à côté d'une de ces parcelles, une grande pièce que le paysan convoitait avec le furieux désir de sa race. Mais les récoltes étaient mauvaises, il possédait à peine, dans un vieux pot, derrière son four, cent écus d'économies ; et, d'autre part, si la pensée lui était un moment venue d'emprunter à un prêteur de Cloyes, une prudence inquiète l'en avait détourné : ces biens de nobles lui faisaient peur ; qui savait si on ne les reprendrait pas, plus tard ? De sorte que, partagé entre son désir et sa méfiance, il eut le crève-cœur de voir, aux enchères, la Borderie achetée le cinquième de sa valeur, pièce à pièce, par un bourgeois de Châteaudun, Isidore Hourdequin, ancien employé des gabelles [impôt sur le sel en vigueur sous l'Ancien Régime].

Émile Zola, *la Terre*, chap. 3, 1887.

La nature et la vie

Dans *Regain,* Jean Giono (1895 - 1970) renoue avec la tradition du roman rustique où l'idylle campagnarde sert de support à l'expression d'une signification morale. Le titre fait allusion à l'herbe qui repousse après une première coupe mais symbolise aussi la renaissance de tout un village de haute Provence grâce à l'agriculture. Dernier habitant d'une bourgade victime de l'exode rural, Panturle a, en effet, en acceptant de retourner à la terre, permis le rétablissement de tout un écosystème que le progrès technique risquait de condamner. À la fin du livre, Arsule (sa compagne) lui annonce un heureux événement. Panturle savoure alors sa victoire.

En 1937, le roman de Giono était adapté au cinéma par Marcel Pagnol.

« Je serai bonne nourrice, je sens mes seins qui germent. » Puis : « Ça me laisse parfois là, desséchée comme une écorce. »

Ils sont restés longtemps muets, à respirer l'un contre l'autre. Et c'est encore elle qui a dit, comme à la suite d'un rêve qu'elle faisait : « Nous serons dans l'herbe, lui et moi ; et je ferai gicler mon lait dans l'herbe pour le faire rire. » [...]

Maintenant Panturle est seul.

Il a dit : « Fille, soigne-toi bien, va doucement ; j'irai te chercher l'eau, le soir, maintenant. On a bien du contentement ensemble. Ne gâtons pas le fruit. »

Puis il a commencé à faire ses grands pas de montagnard.

Il marche.

Il est tout embaumé de sa joie.

Il a des chansons qui sont là, entassées dans sa gorge

à presser ses dents. Et il serre les lèvres. C'est une joie dont il veut mâcher toute l'odeur et saliver longtemps le jus comme un mouton qui mange la saladelle du soir sur les collines. Il va, comme ça, jusqu'au moment où le beau silence s'est épaissi en lui et autour de lui comme un pré.

Il est devant ses champs. Il s'est arrêté devant eux. Il se baisse. Il prend une poignée de cette terre grasse pleine d'air et qui porte la graine. C'est une terre de beaucoup de bonne volonté.

Il en tâte, entre ses doigts, toute la bonne volonté.

Alors, tout d'un coup, là, debout, il a appris la grande victoire.

Il lui a passé devant les yeux, l'image de la terre ancienne, renfrognée et poilue avec ses aigres genêts et ses herbes en couteau. Il a connu d'un coup cette lande terrible qu'il était, lui, large ouvert au grand vent enragé, à toutes ces choses qu'on ne peut pas combattre sans l'aide de la vie.

Il est debout devant ses champs. Il a ses grands pantalons de velours brun, à côtes ; il semble vêtu avec un morceau de ses labours. Les bras le long du corps, il ne bouge pas. Il a gagné : c'est fini.

Il est solidement enfoncé dans la terre comme une colonne.

Jean Giono, *Regain,* Deuxième partie, chap. 5,
Grasset, 1930.

Annexes

Sources et variantes

Souvenirs de *Madame Bovary*

S'il ne s'inspire pas directement de Flaubert, Maupassant a
cependant présentes à l'esprit les plus grandes pages de celui
qui fut son maître. Certains passages de *Madame Bovary* (1857),
chef-d'œuvre incontesté — sinon par la censure de
Napoléon III —, peuvent ainsi se lire en filigrane dans
plusieurs scènes de l'œuvre de Maupassant. Le banquet de
Farce normande (voir p. 57) rappelle le repas de noce de Charles
et Emma Bovary à Yonville.

La mairie se trouvant à une demi-lieue de la ferme, on s'y
rendit à pied, et l'on revint de même, une fois la cérémonie
faite à l'église. Le cortège, d'abord uni comme une seule
écharpe de couleur, qui ondulait dans la campagne, le long
de l'étroit sentier serpentant entre les blés verts, s'allongea
bientôt et se coupa en groupes différents, qui s'attardaient à
causer. Le ménétrier allait en avant avec son violon empanaché
de rubans à la coquille ; les mariés venaient ensuite, les
parents, les amis tout au hasard, et les enfants restaient
derrière, s'amusant à arracher les clochettes des brins d'avoine,
ou à se jouer entre eux, sans qu'on les vît. La robe d'Emma,
trop longue, traînait un peu par le bas ; de temps à autre,
elle s'arrêtait pour la tirer, et alors délicatement, de ses doigts
gantés, elle enlevait les herbes rudes avec les petits dards des
chardons, pendant que Charles, les mains vides, attendait
qu'elle eût fini. Le père Rouault, un chapeau de soie neuf sur
la tête et les parements de son habit noir lui couvrant les
mains jusqu'aux ongles, donnait le bras à Mme Bovary mère.
Quant à M. Bovary père, qui, méprisant au fond tout ce
monde-là, était venu simplement avec une redingote à un rang
de boutons d'une coupe militaire, il débitait des galanteries
d'estaminet à une jeune paysanne blonde. Elle saluait, rougis-

sait, ne savait que répondre. Les autres gens de la noce causaient de leurs affaires ou se faisaient des niches dans le dos, s'excitant d'avance à la gaieté.

Flaubert, *Madame Bovary*, Première partie, chap. 4.

De même, le départ de la diligence dans *la Bête à maît' Belhomme* (voir p. 191) est sans doute une réminiscence de l'*Hirondelle* dont l'image scande tout le roman de Flaubert.

On distingua le bruit d'une voiture mêlé à un claquement de fers lâches qui battaient la terre, et l'*Hirondelle*, enfin, s'arrêta devant la porte.

C'était un coffre jaune porté par deux grandes roues qui, montant jusqu'à la hauteur de la bâche, empêchaient les voyageurs de voir la route et leur salissaient les épaules. Les petits carreaux de ses vasistas étroits tremblaient dans leurs châssis quand la voiture était fermée, et gardaient des taches de boue, çà et là, parmi leur vieille couche de poussière, que les pluies d'orage même ne lavaient pas tout à fait. Elle était attelée de trois chevaux, dont le premier en arbalète, et, lorsqu'on descendait les côtes, elle touchait du fond en cahotant.

Flaubert, *Madame Bovary*, Deuxième partie, chap. 1.

Variations autour d'*Une vie*

Pressé par la nécessité de fournir de la copie aux journaux, Maupassant s'est vu parfois contraint de puiser dans les manuscrits de ses romans en cours d'élaboration. Ainsi *le Saut du berger* (voir p. 39) transfère sur le plan de la légende des événements retenus dans le chapitre 10 de *Une vie* (1883) : l'abbé Tolbiac massacrant des animaux, puis M. de Fourville dont la femme est la maîtresse de Julien, époux de l'héroïne, provoquant la mort des amants. Dans *Une vie*, M. de Fourville a du moins l'excuse de la passion. Le geste du prêtre, uniquement dicté par le fanatisme, traduit dans le conte l'anticléricalisme de l'ancien élève des jésuites d'Yvetot. Le

241

roman développe l'analyse psychologique ; le conte, lui, accentue les aspects philosophiques et porte un témoignage sur la lutte menée, au temps de la IIIᵉ République, par les idées laïques contre l'intégrisme religieux.

Ils arrivaient alors auprès du groupe des enfants ; et le curé s'approcha pour voir ce qui les intéressait ainsi. C'était la chienne qui mettait bas. Devant sa niche cinq petits grouillaient déjà autour de la mère qui les léchait avec tendresse, étendue sur le flanc, tout endolorie. Au moment où le prêtre se penchait, la bête crispée s'allongea et un sixième petit toutou parut. Tous les galopins alors, saisis de joie, se mirent à crier en battant des mains : « En v'là encore un, en v'là encore un ! » C'était un jeu pour eux, un jeu naturel où rien d'impur n'entrait. Ils contemplaient cette naissance comme ils auraient regardé tomber des pommes.

L'abbé Tolbiac demeura d'abord stupéfait, puis, saisi d'une fureur irrésistible, il leva son grand parapluie et se mit à frapper dans le tas des enfants sur les têtes, de toute sa force. Les galopins effarés s'enfuirent à toutes jambes ; et il se trouva subitement en face de la chienne en gésine qui s'efforçait de se lever. Mais il ne la laissa pas même se dresser sur ses pattes, et, la tête perdue, il commença à l'assommer à tour de bras. Enchaînée, elle ne pouvait s'enfuir, et gémissait affreusement en se débattant sous les coups. Il cassa son parapluie. Alors, les mains vides, il monta dessus, la piétinant avec frénésie, la pilant, l'écrasant. Il lui fit mettre au monde un dernier petit qui jaillit sous sa pression ; et il acheva, d'un talon forcené, le corps saignant qui remuait encore au milieu des nouveau-nés piaulants, aveugles et lourds, cherchant déjà les mamelles.

Maupassant, Une vie, chap. 10.

Les grains, qui se succédaient, fouettaient le visage du comte, trempaient ses joues et ses moustaches où l'eau glissait, emplissaient de bruit ses oreilles et son cœur de tumulte.

Là-bas, devant lui, le val de Vaucottes ouvrait sa gorge profonde. Rien jusque-là qu'une hutte de berger auprès d'un parc à moutons vide. Deux chevaux étaient attachés aux brancards de la maison roulante. – Que pouvait-on craindre par cette tempête ?

Dès qu'il les eut aperçus, le comte se coucha contre terre, puis il se traîna sur les mains et sur les genoux, semblable à une sorte de monstre avec son grand corps souillé de boue et sa coiffure en poil de bête. Il rampa jusqu'à la cabane solitaire et se cacha dessous pour n'être point découvert par les fentes des planches.

Les chevaux, l'ayant vu, s'agitaient. Il coupa lentement leurs brides avec son couteau qu'il tenait ouvert à la main ; et une bourrasque étant survenue, les animaux s'enfuirent harcelés par la grêle qui cinglait le toit penché de la maison de bois, la faisant trembler sur ses roues.

Le comte alors, redressé sur les genoux, colla son œil au bas de la porte, et regarda dedans.

Il ne bougeait plus ; il semblait attendre. Un temps assez long s'écoula ; et tout à coup il se releva, fangeux de la tête aux pieds. Avec un geste forcené il poussa le verrou qui fermait l'auvent au-dehors, et, saisissant les brancards, il se mit à secouer cette niche comme s'il eût voulu la briser en pièces. Puis soudain il s'attela, pliant sa haute taille dans un effort désespéré, tirant comme un bœuf, et haletant ; et il entraîna, vers la pente rapide, la maison voyageuse et ceux qu'elle enfermait.

Ils criaient là-dedans, heurtant la cloison du poing, ne comprenant pas ce qui leur arrivait.

Lorsqu'il fut en haut de la descente, il lâcha la légère demeure qui se mit à rouler sur la côte inclinée.

Elle précipitait sa course, emportée follement, allant toujours plus vite, sautant, trébuchant comme une bête, battant la terre de ses brancards.

Un vieux mendiant blotti dans un fossé la vit passer d'un élan sur sa tête ; et il entendit des cris affreux poussés dans le coffre de bois.

Tout à coup elle perdit une roue arrachée d'un heurt, s'abattit sur le flanc et se remit à dévaler comme une boule, comme une maison déracinée dégringolerait du sommet d'un mont. Puis, arrivant au rebord du dernier ravin, elle bondit en décrivant une courbe, et, tombant au fond, s'y creva comme un œuf.

Dès qu'elle se fut brisée sur le sol de pierre, le vieux mendiant, qui l'avait vue passer, descendit à petits pas à travers les ronces ; et, mû par sa prudence de paysan, n'osant approcher du coffre éventré, il alla jusqu'à la ferme voisine annoncer l'accident.

Maupassant, Une vie, chap. 10.

Structures des contes

Si le roman est le genre par excellence de la littérature du XIXe siècle, le conte et la nouvelle ont été, eux aussi, illustrés par des auteurs de renom comme Nodier, Mérimée, Maupassant ou Villiers de L'Isle-Adam. Les maîtres du réalisme eux-mêmes ont écrit, outre des romans, des récits courts (Balzac, *Contes drolatiques* ; Flaubert, *Trois Contes*).

Qu'est-ce qu'un conte ?

Aux XVIIe et XVIIIe siècles, à la suite d'un engouement pour le folklore ou l'exotisme, se développent deux types de contes : les contes merveilleux (Perrault, Mme d'Aulnoy, etc.) et les contes philosophiques (Diderot, Voltaire, etc.). Ces derniers ont des préoccupations essentiellement didactiques et utilisent l'attrait du récit pour transmettre des idées, une morale, ou pour suggérer une signification symbolique. Le merveilleux, lui, se déploie dans un univers magique où les règles de la vraisemblance et de la logique sont oubliées. Après les mots « il était une fois... », tout devient possible.

Au XIXe siècle, le conte garde les caractéristiques essentielles de ce genre de narration : brièveté du récit, présence affirmée du conteur, allusions éventuelles au lecteur, marques de la littérature orale, voire populaire. Mais les thèmes de prédilection s'orientent suivant deux directions qui ne sont opposées qu'en apparence : le fantastique et le réalisme.

Fantastique et réalisme

Le fantastique, illustré par Edgar A. Poe ou Maupassant (avec *la Main d'écorché* ou *le Horla*), peut se définir comme un ensemble de faits surprenants pour lesquels se justifie aussi bien une explication rationnelle que des interprétations faisant appel à l'existence d'êtres ou de forces invisibles. Le lecteur ressent alors un malaise face à des phénomènes étranges et est amené à se poser des questions sur les limites du normal et de la folie. C'est, selon l'étude de Tzvetan Todorov, « l'hésitation éprouvée par un être qui ne connaît que les lois naturelles face à un événement en apparence surnaturel » (*Introduction à la littérature fantastique,* le Seuil, 1970).

La veine réaliste, conforme à la mentalité positiviste et aux prétentions scientifiques du XIXᵉ siècle, est largement exploitée par des conteurs comme Mérimée, Daudet ou Maupassant. La description de la vie quotidienne, les particularismes régionaux, le sens de l'observation y tiennent une place importante. La peinture des petites gens, avec leurs aspects comiques ou ridicules, tourne parfois à la caricature et n'évite pas les stéréotypes, mais il s'agit toujours d'un témoignage sur les mœurs et la sensibilité de ceux que l'histoire officielle ignore habituellement.

La composition des contes

Dans ses récits, Maupassant part souvent d'un fait divers emprunté à l'actualité, d'une anecdote, ou bien il s'inspire directement du calendrier : *Un réveillon* est écrit en hiver, *le*

Crime au père Boniface pour la Saint-Jean d'été (dans le jargon des journalistes, ces récits récurrents s'appellent des « marronniers »). *L'Abandonné, la Dot* s'intéressent à la question de la condition féminine, largement débattue sous la IIIᵉ République : le divorce, légalisé en 1792, a été aboli en 1816, puis définitivement rétabli en 1884 (loi Naquet). Mais à partir d'un fait vrai, Maupassant donne libre cours à son imagination et s'autorise la mise en scène de fantasmes personnels *(l'Abandonné)* ou de tableaux inquiétants *(le Saut du berger, le Modèle)*. La farce tourne souvent au tragique, et par son habileté à dévoiler les aspects inattendus de la réalité *(Un réveillon, le Retour),* Maupassant annonce certains aspects du surréalisme.

Très sobre dans son art, il n'utilise cependant qu'une technique classique, recourant à trois grands types de structures :

— le récit à dévoilement progressif, par paliers *(Pierrot, le Petit Fût)* ;

— la bipartition *(Aux champs, Hautot père et fils)* où, comme dans de nombreuses fables de La Fontaine, deux personnages s'opposent ou se superposent ;

— le récit à dévoilement brutal avec une fin insolite *(Un réveillon, l'Aveu).* La cruauté de l'effet de chute est sensible comme dans certains poèmes en prose de Baudelaire (par ex. : « la Corde » dans *le Spleen de Paris*).

Conte ou nouvelle ?

Issu d'un mot italien *(novella),* la nouvelle est apparue dans la littérature française au XVᵉ siècle et suppose un sujet hors du commun, divertissant par son caractère insolite. Mais, au XIXᵉ siècle, la nouvelle s'est beaucoup diversifiée. Elle est bien souvent devenue synonyme de conte, genre avec lequel elle a en commun la brièveté et la concentration de l'intrigue. Le mot « conte » lui-même tend à tomber en désuétude au XXe siècle au profit de la notion de récit (chez Camus, Le Clézio, etc.) ou de texte (voir les *Petites Proses* de Michel Tournier).

De nos jours, conte et nouvelle servent à désigner indifféremment un genre narratif plus concis que le roman et dans lequel trois grandes tendances se manifestent : véracité, sérieux et brièveté.

Ainsi sur les trois cents nouvelles de Maupassant cent cinquante sont contées, deux cent quatre-vingt-onze, vraies, deux cent dix-huit, sérieuses, deux cent quatre-vingt-cinq, courtes. De plus l'unanimité est quasi totale sur trois points précis : la nouvelle raconte une histoire, qui tourne autour d'un épisode (critère fondamental qui distingue la nouvelle du roman de l'époque), et dont le sujet tend à être le plus singulier qui soit : « J'ai pris le sujet le plus extravagant et le plus atroce que j'ai pu », confesse Mérimée à propos de *Lokis* (*Correspondance*, XIV). Suivant en cela l'exemple des nouvellistes étrangers, les auteurs ont compris qu'un caractère d'exception conféré au sujet pourra compenser en quelque sorte, par le paroxysme dramatique aigu et le haut degré d'intérêt qu'il suscite, la minceur qui lui est inhérente.

René Godenne, la Nouvelle française, P.U.F., 1974.

L'art du titre

TITRE. Le but essentiel du titre semble être de désigner le contenu de l'œuvre qu'il résume en même temps. Il s'agit le plus souvent, dans le cas des œuvres narratives, du nom du personnage principal appelé pour cette raison « éponyme » : *le Tartuffe, la Princesse de Clèves, Jules et Jim*. Il arrive encore que le titre donne le sujet ou le thème essentiel de l'ouvrage, tantôt de façon explicite *(l'Éducation sentimentale)*, tantôt en attribuant une puissance secrète à une formule toute faite *(le Diable au corps)*, tantôt à la manière d'une énigme *(le Rouge et le Noir)*, tantôt enfin par allusion à une phrase ou à une scène isolée *(le Hussard sur le toit)*.

À ses origines, le titre apparaissait comme un syntagme complément d'un verbe sous-entendu : *De la servitude volontaire* (La Boétie), formulation calquée sur le latin *(De natura)*. Les titres de chapitre ont suivi la même évolution, depuis le véritable sommaire de l'époque classique : « Dans lequel on continue à parler du sieur de La Rapinière, et de ce qui arriva la nuit en sa maison » (Scarron, *le Roman comique*), jusqu'au « suspense » du feuilleton : *l'Inconnue, la Hyène, Une ruse* (E. Sue, *Atar-Gull*).

Dictionnaire des littératures, Larousse, 1986.

Une lecture méthodique des titres choisis par Maupassant pour désigner ses récits fait apparaître, derrière un aspect très simple, voire insignifiant, une recherche approfondie des moyens stylistiques propres à enrichir le contenu des textes, parfois même à en infléchir le sens. Pour les étudier avec précision, il faut repérer les procédés grammaticaux, lexicaux et rhétoriques constitutifs de l'élaboration des 18 titres du présent recueil.

Niveau grammatical

Un premier classement des 18 titres fait apparaître, par ordre
croissant de fréquence, quatre types morphosyntaxiques :
— « un » + nom commun (ex., *Un réveillon*) ;
— syntagme figé (ex., *Aux champs*) ;
— nom propre, avec ou sans déterminant(s) [ex., *Pierrot*] ;
— « le » (plus fréquent que « la ») + nom concret (ex., *le
Petit Fût*) ou abstrait (ex., *le Retour*).

L'article défini donne une extension maximale à un fait
isolé, transformant un individu en type universel *(le Modèle)*,
ou focalise l'attention du lecteur sur un détail qui ne joue
qu'un rôle de catalyseur pour l'ensemble du récit *(la Ficelle,
le Petit Fût)*. Le titre ne sert plus alors à désigner explicitement
le contenu du conte ou de la nouvelle mais, en privilégiant
un actant secondaire (voir p. 267), à créer un contraste entre
l'objet nommé, dérisoire, et la destinée tragique qu'il peut
enclencher.

Niveau lexical

Le vocabulaire utilisé est surtout remarquable pour sa simplicité,
sa trivialité. L'insolite n'est pas dans la situation initiale (*Un
réveillon,* par exemple) mais dans le contexte normand où
l'action se déroule. Le quotidien y prend facilement une
dimension fantastique. Aussi Maupassant insiste parfois,
malgré l'invraisemblance, sur l'authenticité des faits qu'il
rapporte (ex., *Histoire vraie*). Sont aussi incroyables la bévue
de Boniface ou le caractère inattendu du héros d'*Un Normand*.
À la banalité de titres comme *la Ficelle* ou *Aux champs,* on
opposera cependant les connotations pathétiques de titres qui
jouent avec l'attrait de l'étrange et de l'ambigu : *l'Aveu* annonce
le dévoilement d'une énigme ; *le Retour* laisse planer l'ombre
du mystère. Enfin lorsque le titre comporte un nom propre,

celui-ci est toujours masculin (curieusement, le chien lui-même s'appelle « Pierrot »). Les femmes jouent un rôle important dans le déroulement de l'intrigue, mais elles n'apparaissent qu'en tant qu'objets. Le terme « modèle » est particulièrement significatif : il désigne — au masculin — l'héroïne de la nouvelle du même nom. Maupassant serait-il quelque peu misogyne, comme tous les dons Juans ?

Niveau rhétorique

Maupassant joue avec finesse des procédés stylistiques. La paronomase, dans *la Bête à maît' Belhomme,* évoque aussi bien les bêlements émis par le malheureux paysan que le souvenir littéraire de *la Farce de Maître Pathelin. Le Crime au père Boniface* est une antiphrase ; de même pour *Un réveillon* où se trouve évoquée non la naissance du Sauveur, mais la mort d'un vieillard. La polysémie du *Saut du berger* est évidente, mais les sous-entendus narquois atteignent leur maximum d'efficacité avec *Hautot père et fils.* C'est en effet à la fin de la nouvelle seulement que, grâce à un processus de « rétrolecture », s'éclaire le sens du titre : pour la bourgeoisie aisée, l'entretien d'une maîtresse relève bien de l'entreprise familiale !

Encadrant le conte ou la nouvelle, le titre et la chute sont pour Maupassant les moments privilégiés du récit. Sous une apparence purement anodine s'y trouvent en fait exprimées des intentions grivoises perceptibles au grand public, une vision ironique du monde et, pour le lecteur attentif, une dénonciation cynique de nos préjugés, de nos illusions, de la précarité des valeurs.

Points de vue et idéologie

Le culte de l'impartialité

Maupassant s'efforce d'être le plus objectif possible. Il n'intervient pas personnellement dans ses récits : le lecteur ne rencontre pas « d'intrusion de l'auteur ». Suivant une technique déjà éprouvée par Balzac, Maupassant tente d'être le « peintre des mœurs » de son temps, l'humble copiste d'une réalité qu'il enregistre sans la modifier : « Le hasard est le plus grand romancier du monde : pour être fécond, il n'y a qu'à l'étudier. La société française allait être l'historien, je ne devais être que le secrétaire » (Balzac, Avant-propos à *la Comédie humaine,* 1842).

Pour faire plus vrai, Maupassant ancre cette réalité dans un cadre spatio-temporel géographiquement et historiquement attesté : Étretat, Le Havre, etc. (ou des noms fictifs aux consonances normandes) ; la guerre de 1870, ou un fait divers récent... Le système narratif employé porte lui-même les marques du récit historique : troisième personne et passé simple. Les formes du discours (première personne, passé composé, présent) sont exclues : les textes de Maupassant sont bien censés raconter une aventure qui a eu lieu indépendamment de l'auteur. Pour le lecteur, l'effet de réel est saisissant. Il ne saurait être question de mettre en doute les propos d'un auteur qui se manifeste plutôt par son absence ou sa simple aptitude à enregistrer les événements tels qu'ils se sont produits, à décrire le monde tel qu'il est. Toujours extérieur à la narration, l'auteur peut se prétendre impartial : c'est la réalité qui parle d'elle-même.

251

Le réalisme subjectif

Avec plus d'habileté encore, il arrive que Maupassant s'efface au profit de ses personnages. C'est alors eux qui prennent la parole et assument la responsabilité du récit. Dans *Histoire vraie,* c'est à un vétérinaire que revient la conclusion. En jugeant de façon peu amène les femmes ou les paysans est-il le porte-parole de l'auteur ? À priori, rien ne permet de l'affirmer. Seule la connaissance de la biographie de Maupassant permet d'établir certaines convergences entre la mentalité de l'auteur et le matérialisme du narrateur.

Dans *Un réveillon,* les points de vue sont diffractés à travers deux sujets témoins. À la fin du récit, l'un s'en va ulcéré, l'autre rit aux éclats : cette double focalisation permet de renvoyer dos à dos pessimistes et optimistes. Qui a raison ? Maupassant ne tranche pas. La technique du réalisme subjectif offre l'avantage de supprimer définitivement l'implication de l'auteur dans le récit. Tout est décrit à travers des personnages qui, loin d'incarner le point de vue de Maupassant, peuvent même porter sur la réalité des regards opposés.

Une vision du monde

Le parti pris par Maupassant couronne l'art du roman tel qu'il est cultivé au XIXᵉ siècle, époque du réalisme par excellence. Pour le lecteur, la réalité ainsi décrite semble absolument irrécusable. Le livre apparaît comme un simple miroir du monde sensible.

Maupassant n'ignore pas, cependant, les limites de l'objectivité. Le choix du cadre, la sélection des événements, l'ordre dans lequel ils sont indiqués, les effets du style enfin, induisent inévitablement une signification, un jugement au moins implicite. Ainsi il reconnaît que le romancier est toujours tributaire de son tempérament. Le monde qu'il décrit n'est qu'une image littéraire, plus vraisemblable que vraie : le mouvement réaliste repose sur un ensemble de conventions narratives et d'artifices qui n'échappent au lecteur que parce qu'il y est habitué. C'est ce que l'on appelle l'illusion figurative.

Une telle conception du monde n'exclut ni les jugements de valeur ni la réflexion philosophique mais, si La Fontaine ou Perrault déduisaient explicitement une moralité de leurs contes ou de leurs fables, le romancier du XIXe siècle, lui, laisse croire au lecteur qu'il est seul responsable de ses interprétations. La focalisation sur le tablier bleu de la servante, à la fin de *Pierrot,* l'ascension sociale du paysan enrichi dans *Histoire vraie,* la conclusion suspendue de *Hautot père et fils* en disent pourtant long sur ce que Maupassant pense de l'homme et de la société : un monde sans transcendance où triomphent l'injustice et la veulerie, l'indifférence et l'égoïsme. Ne s'agit-il pas finalement d'une condamnation de l'ordre établi et d'un véritable engagement politique ?

La langue de Maupassant

Le style du conteur

Tous les commentateurs s'accordent à reconnaître l'aisance et la sobriété de l'écriture de Maupassant : nombreux alinéas, phrases courtes, syntaxe et vocabulaire sans recherche excessive. Comme tous les réalistes, Maupassant s'adresse d'abord à un lectorat bourgeois, non aux élites intellectuelles ou aristocratiques. Il traite, sur le mode sérieux ou satirique, de personnages et de problèmes qui peuvent toucher un large public.

Son lexique est essentiellement composé de mots concrets, facilement compréhensibles : vocabulaire de la chasse, de la mer ou de la campagne ; champs lexicaux des sentiments, parfois violents, de l'analyse psychologique et de l'étude de mœurs. Mais il y a peu de mots précieux, savants, folkloriques ou appartenant à des domaines spécialisés. Par exemple, Maupassant n'évoque jamais les « caloges », habitations typiques de la côte normande, constituées à partir d'anciens bateaux. Ou encore, s'il parle de la végétation, il cite les ormes, les sapins, mais évite la profusion de détails botaniques que se plaisent à décrire certains écrivains régionalistes.

Cependant, Maupassant semble particulièrement intéressé par l'établissement d'inventaires, qu'il s'agisse des animaux de la ferme un jour de marché *(la Ficelle),* de la succession des plats lors d'un repas de noce *(Farce normande)* ou des voyageurs qui se pressent pour monter dans une diligence *(la Bête à maît' Belhomme).* Un paradigme est plus particulièrement développé : celui des adjectifs de couleur. Dans *le Crime au père Boniface,* la prose de Maupassant ne manque pas de faire penser à une toile impressionniste.

Les figures de style, elles, sont d'une grande discrétion. Flaubert a appris à son jeune élève la méfiance à l'égard de la rhétorique. Cette retenue, toute classique, n'exclut pas l'usage de périphrases ironiques, d'antithèses savoureuses ni de tous les procédés dont peut disposer un écrivain de talent qui a au plus haut degré, comme Maupassant, le sentiment de la langue. Il s'en explique lui-même dans la préface de *Pierre et Jean.*

Il n'est point besoin du vocabulaire bizarre, compliqué, nombreux et chinois qu'on nous impose aujourd'hui sous le nom d'écriture artiste, pour fixer toutes les nuances de la pensée ; mais il faut discerner avec une extrême lucidité toutes les modifications de la valeur d'un mot suivant la place qu'il occupe. Ayons moins de noms, de verbes et d'adjectifs aux sens presque insaisissables, mais plus de phrases différentes, diversement construites, ingénieusement coupées, pleines de sonorités et de rythmes savants. Efforçons-nous d'être des stylistes excellents plutôt que des collectionneurs de termes rares.

Il est, en effet, plus difficile de manier la phrase à son gré, de lui faire tout dire, même ce qu'elle n'exprime pas, de l'emplir de sous-entendus, d'intentions secrètes et non formulées, que d'inventer des expressions nouvelles ou de rechercher, au fond de vieux livres inconnus, toutes celles dont nous avons perdu l'usage et la signification, et qui sont pour nous comme des verbes morts.

La langue française, d'ailleurs, est une eau pure que les écrivains maniérés n'ont jamais pu et ne pourront jamais troubler.

Guy de Maupassant, *Étude sur le roman,*
préface à *Pierre et Jean,* 1887.

Au-delà d'un public populaire, Maupassant avait donc le pressentiment de pouvoir toucher les vrais amateurs de la langue et de la pensée françaises, sensibles aux sous-entendus, au non-dit du texte, à tout ce qui fait d'une œuvre littéraire une œuvre d'art.

Le dialecte normand

La langue que Maupassant met dans la bouche de ses paysans tient à la fois du normand de convention (voir la façon dont s'exprimaient déjà les paysans de Molière) et du dialecte cauchois, variante régionale du français « standard ». On peut ainsi remarquer les formes classiques *ormoire* pour « armoire », *quin* pour « chien », *a* pour « elle » ; l'abréviation d'« il y a » en *y a* ; l'interrogation réduite à *c'est-i* ; dans la conjugaison, l'emploi du pluriel à la première personne du singulier, etc. Mais Maupassant retient surtout la syntaxe populaire (*à* ou *au* pour « de ») et l'expressivité orale qu'il transcrit par l'élision des « e » muets et la transposition approximative de l'accent local, par exemple : *m'sieu le curé*. On a alors affaire à un véritable patois, défini comme un « parler rural employé par un groupe relativement restreint et d'usage surtout oral » *(Petit Larousse)*.

Il n'en demeure pas moins que les paysans de Maupassant restent toujours compréhensibles. Il s'agit donc d'un habile mélange de français courant et d'expressions patoisantes destinées à donner l'illusion d'un langage spécifique. Les fonctions de ce dialecte sont multiples : il enferme le paysan dans un système de communication populaire qui prête à sourire et accentue la cassure entre vie rurale et civilisation urbaine ; il plonge le lecteur dans le dépaysement linguistique, forme la plus élaborée de l'exotisme ; sur le plan esthétique enfin, il atteste la sensibilité de Maupassant aux formes archaïques de la langue française telle qu'elle est pratiquée par une minorité socioculturelle menacée par les progrès de l'industrialisation et par l'exode rural. Pour artificiel qu'il paraisse, le dialecte cauchois contribue donc à l'enrichissement de notre patrimoine littéraire.

Maupassant et la critique

Un jugement à chaud

C'est assurément par son paysan normand que ses contes vivront ; il connaît ce digne personnage comme s'il l'avait fait, il le comprend à merveille, et le campe en quelques touches très libres, très évocatrices. M. de Maupassant ne l'admire pas, et il domine si parfaitement son sujet qu'il siérait mal à un étranger de lui suggérer de réviser son jugement. Il représente une partie du décor méprisable du monde, partie qui, dans l'ensemble, apparaît même comme étant la plus grotesque. Sa méfiance, sa prudence, sa sagacité naturelle, sa ladrerie, sa bassesse oppressante et générale sont aussi reconnaissables que ce patois bizarre et fruste dans lequel il s'exprime, et dont notre auteur joue en virtuose. Il serait impossible d'exposer avec un sens plus aigu de leur ridicule les vanités et les balourdises qui résultent de son ignorance, les perplexités que lui causent ses appétits contradictoires, les pièges qu'il se tend à lui-même par excès de circonspection. Son existence n'est pas sans gaieté, mais il s'agit souvent de cette gaieté barbare qu'illustre l'anecdocte de *Farce normande*, à laquelle il vaut mieux renvoyer le lecteur, comme pour bon nombre de récits de M. de Maupassant, plutôt que de la répéter.

> Henry James, *Sur Maupassant, l'art de la fiction*, 1888,
> traduit de l'anglais
> aux éditions Évelyne Labbé-Complexe, 1987.

Maupassant, un grand classique

S'il a été dès la première heure compris et aimé, c'était qu'il apportait à l'âme française les dons et les qualités qui ont fait le meilleur de la race. On le comprenait parce qu'il était la clarté, la simplicité, la mesure et la force. On l'aimait parce qu'il avait la bonté rieuse, la satire profonde qui, par un miracle, n'est point méchante, la gaieté brave qui persiste même sous les larmes. Il était de la grande lignée que l'on peut suivre depuis les balbutiements de notre langue jusqu'à nos jours. Il avait pour aïeux Rabelais, Montaigne, Molière, La Fontaine, les forts et les clairs, ceux qui sont la raison et la lumière de notre littérature. Et dans la suite des temps, ceux qui ne le connaîtront que par ses œuvres, l'aimeront pour l'éternel chant d'amour qu'il a chanté à la vie.

> Émile Zola, discours prononcé aux obsèques
> de Guy de Maupassant le 10 juillet 1893.

Une pluralité de styles

Le mot et la phrase, véhicules de toute sensation à communiquer, donc dépositaires de la substance même de l'« illusion » étaient soumis à une sévère discipline : aucune valeur absolue ne leur était reconnue ; leur prix, ils ne le tiraient que d'une stricte convenance à la magique suggestion qu'ils devaient opérer. Cette convenance supposait d'abord une justesse, ennemie de toute complaisance, de toute coquetterie et de toute gratuité, et exigeait la sobriété ; elle supposait aussi une variété de termes et surtout de tournures, docile à la qualité toujours changeante de l'impression à suggérer. Maupassant eut pour rêve constant de « tout dire » par le « simple mécanisme du substantif et du verbe » qu'il appréciait dans l'œuvre de Prévost et dans celle de Laclos et qui recélait à ses yeux une possibilité infinie de souplesse. La convenance, envisagée sous cet aspect, aboutissait à une pluralité de styles.

Il apparaît d'emblée que cette exigence-maîtresse, dans les conditions historiques que définissent d'une part les admirations, d'autre part le moment littéraire de cet écrivain, désignait en Maupassant un conciliateur du classicisme hérité et de l'impressionnisme artiste contemporain. On a été assez généralement sensible à la première tendance, et fort peu à la seconde. L'examen de ses procédés stylistiques le révèle pourtant désireux d'assouplir l'élégante rigueur de la première aux vertus expressives de la seconde, de tempérer les témérités, de briser les automatismes, de régénérer les préciosités de la seconde, avec un sens vivant de la raison et de la mesure inhérentes à la première.

André Vial, *Guy de Maupassant et l'art du roman*,
Nizet, 1954.

Le pessimisme

En règle générale la vision du peuple que révèlent les contes et les nouvelles est assez noire. Maupassant s'intéresse beaucoup aux humbles et sa parfaite connaissance des paysans ou des pêcheurs lui permet de trouver très rapidement le trait juste, évocateur, qui campe d'emblée une silhouette ou transcrit avec bonheur le pittoresque d'une conversation. Le fréquent pessimisme de sa vision efface les quelques élans de sympathie qui parfois se font jour et amène l'écrivain à formuler des propos très durs à l'égard du peuple.

> R. Gardes dans *Analyses et réflexions sur Maupassant :*
> *le pessimisme*, Ellipses, 1979.

Réalisme ou naturalisme ?

Maupassant se gausse de « l'enquête sociale », du « document humain » sur lequel Zola prétend fonder son travail de romancier, et trouve parfaitement ridicule sa prétention à être un savant. Ici encore, et pour toute la durée de son œuvre, il se sépare de l'école naturaliste : il ne traite que de personnages qu'il peut connaître de près, d'événements qu'il a, de près ou de loin, vécus lui-même. La fiche de renseignements lui semble, dès *Boule de suif* et une fois pour toutes, un document artificiel et dangereux pour un écrivain. Il faut être saturé d'une atmosphère pour pouvoir la recréer. Le « peuple » des villes n'entrera jamais dans son œuvre, dans laquelle figurent au contraire, selon leur ordre d'entrée dans sa propre vie, les paysans, les prostituées, les bourgeois normands, les employés, puis les gens du monde. Oh ! ce n'est pas du tout là une sorte de primitivisme dans l'enregistrement du réel, et son œuvre future nous renseignera là-dessus.

Pour l'instant, étonnons-nous du malentendu qui a fait ranger Maupassant parmi les naturalistes, lui qui se sentait lâché par la « bande » de Zola. Mais ne nous en étonnons pas trop : c'est la pérennisation d'un jugement qui a été porté par les contemporains lors de la publication des *Soirées de Médan*. Et l'on sait que, par une myopie bien explicable, ils confondaient la manière de Flaubert avec celle des naturalistes, distinguant simplement dans cette dernière un surcroît de brutalité.

> Marie-Claire Bancquart,
> édition critique du recueil *Boule de suif*,
> Librairie générale française, 1984.

Le déchirement des voiles

Voir, tout voir et, à travers le regard, savoir, comprendre, déchiffrer les énigmes : c'est de là que part Maupassant, c'est là que Flaubert intervient, et c'est pour cela que Maupassant, tout naturellement, aboutit à la participation au recueil des *Soirées de Médan* avec *Boule de suif*. De l'écrivain naturaliste il possède la curiosité à l'égard de tous les milieux, avec une prédilection pour la prostituée *(Mademoiselle Fifi, la Maison Tellier, les Sœurs Rondoli...)*, avec une fidélité toute particulière pour le monde de son enfance. Il doit en effet une large part de sa notoriété à ses personnages de paysans normands, roublards, un peu ivrognes mais de bonne humeur. Ce paysan est souvent vu grand escogriffe ridicule *(la Bête à maît' Belhomme)* ou un bon obèse réjoui *(Toine)*, avec ses expressions patoisantes savoureuses, généralement flanqué d'une épouse desséchée et acariâtre (pour faire plus vrai ou plus drôle), restitué dans des situations souvent dérivées de simples faits divers. Le regard perd de sa malice et devient, si l'on tient compte du pessimisme accru de l'auteur, plus naturaliste encore lorsqu'il se pose sur le monde des employés — peut-être parce que là l'individualité souffrante remplace une société — et se teinte de pitié dans l'observation des jolies épouses des petits employés, qui rêvent bals et bijoux *(la Parure, les Bijoux...)* et qui apparaissent comme les attachantes victimes de leur bovarysme. Maupassant scrute le monde des paysans, des petits-bourgeois, des gentilshommes campagnards, des notables, des riches ou des pauvres, et l'interprète implicitement. Il opère un déchirement des voiles.

F. Court-Pérez, « Maupassant »,
in *Dictionnaire des littératures de langue française*, Bordas, 1984.

Avant ou après la lecture

Histoire littéraire

1. a) Les mouvements littéraires : compléter le tableau suivant.

Nom	Période	Définition	Auteurs
Romantisme			
Réalisme			
Naturalisme			

b) Les genres littéraires : compléter le tableau suivant.

Nom	Origines	Différents types	Exemples
Roman			
Conte			
Nouvelle			
Récit			

Chercher dans ce recueil un texte de Maupassant qui illustre le naturalisme tel qu'il a été défini à l'aide du tableau précédent. De même, choisir le texte qui correspond le mieux à la notion de conte. Justifier la réponse à l'aide d'exemples empruntés au texte. Même travail pour la nouvelle.

Études d'ensemble

1. Quels sont les thèmes réalistes successivement abordés dans les contes et nouvelles du présent recueil ? Peut-on dégager une évolution ?

2. À l'aide d'un dictionnaire, définir les mots suivants : pessimisme, scepticisme, cynisme, sagesse, matérialisme, vita-

lisme. Étudier dans quelle mesure ces diverses notions se trouvent illustrées dans l'œuvre de Maupassant. Même recherche à partir des mots suivants : comique, ironie, humour, satire, caricature.

Beaux-arts

1. Chercher des exemples de tableaux, de gravures ou de dessins dont l'inspiration est proche de certains passages des contes et nouvelles de Maupassant. Constituer un dossier et illustrer ces images par une légende extraite de l'œuvre de Maupassant. Même travail à partir de photos réalisées par les élèves et de grands photographes.

2. La vie aux champs vue par les peintres. Après avoir visité un musée, chercher des reproductions de tableaux significatifs. Les classer dans l'ordre chronologique. Analyser la façon dont évolue la représentation picturale des paysans.

3. Montage sonore : de quels extraits musicaux pourrait-on accompagner la lecture des différents textes de Maupassant ? Expliquer les raisons de ces choix.

4. Littérature et cinéma : après avoir visionné les films de Claude Santelli, comparer les œuvres du cinéaste avec celles de Maupassant. En quoi ses adaptations sont-elles fidèles à l'original ou le trahissent-elles ?

Interdisciplinarité

1. a) Les classes sociales au XIXe siècle.
b) Les conditions de vie rurales.
Chercher des témoignages ou des documents d'époque : l'historien peut-il faire confiance à Maupassant ?

2. Le paysage cauchois : quels éléments géographiques et climatiques Maupassant retient-il dans ses descriptions ?

3. La faune et la flore. Relever le nom des animaux, des

plantes et des arbres le plus fréquemment cités dans l'ensemble du recueil. Est-ce un reflet exact de la campagne normande ?

Atelier d'écriture

1. Proposer une autre fin pour les récits suivants : *Histoire vraie* (faire parler Maupassant dans la dernière partie) ; *Pierrot* (p. 72, l. 207 à 215) ; *le Petit Fût* (p. 133 à 135, l. 185 à 218). Même travail à partir d'un texte choisi par l'élève.

2. Réécrire à la première personne le début du *Crime au père Boniface* (p. 137, l. 1 à 20).

3. Écrire au présent la description de la page 57 (trois premiers paragraphes de *Farce normande*).

4. En s'inspirant de la description de Rouen dans *Un Normand,* brosser le tableau d'une ville.

5. En vue d'une adaptation cinématographique, faire le découpage de la nouvelle *Hautot père et fils* en précisant les lieux, les décors et l'ambiance. Comparer les séquences retenues avec le scénario de C. Santelli.

Activités orales

1. Choisir un conte ou une nouvelle dont on fera un bref résumé, puis indiquer les aspects les plus appréciés ainsi que ceux qui peuvent paraître critiquables.

2. Présenter un personnage. Comment est-il caractérisé (son portrait, ses actes et ses propos ; ce que les autres disent de lui, etc.) ? Semble-t-il sympathique ou antipathique ?

3. En s'aidant d'un rétroprojecteur et de documents iconographiques, faire un exposé qui permette de mieux connaître la Normandie. On pourra notamment dénoncer certains préjugés ou idées reçues et tenter de donner une image objective de la région et de ses habitants.

Bibliographie, filmographie

Éditions

La bibliothèque de la Pléiade (Gallimard, 1974, 1979) réunit en deux volumes les contes et nouvelles de Maupassant parus entre 1875 et 1893. Le classement est chronologique et suit l'ordre de première publication des œuvres dans les revues ou quotidiens.

Les textes regroupés en recueils collectifs du vivant de Maupassant sont parus en éditions de poche sous leurs principaux titres.

Maupassant et ses contes

Micheline Besnard-Coursodon, *Étude thématique et structure de l'œuvre de Maupassant : le piège,* Nizet, 1973.

Antony S. G. Butler, *les Parlers dialectaux et populaires dans l'œuvre de Guy de Maupassant,* Minard, 1962.

Charles Castella, *Structures romanesques et vision sociale chez Guy de Maupassant,* Nizet, 1973.

Algirdas Julien Greimas, *Maupassant, la sémiotique du texte,* le Seuil, 1976.

Henry James, *Sur Maupassant, l'art de la fiction,* Évelyne Labbé-Complexe, 1987.

Armand Lanoux, *Maupassant le Bel-Ami,* Fayard, 1967.

Paul Morand, *Vie de Guy de Maupassant,* Flammarion, 1958.

Albert Marie Schmidt, *Maupassant,* le Seuil, 1972.

Knud Togeby, *l'Œuvre de Maupassant,* P.U.F., 1954.

Bernard Valette, *Esthétique du roman moderne,* Nathan, 1985.

Jean Verrier, « la Ficelle », in *Poétique* n° 30, avril 1977.

André Vial, *Guy de Maupassant et l'art du roman,* Nizet, 1954.

Ouvrages collectifs

Europe (numéro spécial), juin 1969.

Analyses et réflexions sur Maupassant : le pessimisme, Ellipses, 1979.

Le Paysage normand dans la littérature et dans l'art, P.U.F., 1980.

Flaubert et Maupassant, écrivains normands, P.U.F., 1981.

Filmographie

Il existe de nombreuses adaptations cinématographiques des œuvres de Maupassant. Elles ont été recensées dans la revue *Europe* (ouvrage cité). Parmi les plus remarquables (et les plus accessibles), on pourra retenir :

Films muets

Firmin Gémier, *le Père Milon,* France, 1908.

D. W. Griffith, *le Collier,* États-Unis, 1909, d'après *la Parure.*

N. Protozanoff, *la Petite Roque,* Russie, 1910.

Films parlants

Alexandre Astruc, *Une vie,* France, 1957.

Jean Boyer, *le Rosier de Mme Husson,* France, 1950, adaptation et dialogues de Marcel Pagnol.

André Cayatte, *Pierre et Jean,* France, 1943.

Christian-Jaque, *Boule de suif,* France, 1946, d'après *Boule de suif* et *Mademoiselle Fifi.*

Louis Daquin, *Bel-Ami,* France-Autriche, 1955.

Bernard Deschamps, *le Rosier de Mme Husson,* France, 1932, avec Fernandel.

Jean-Luc Godard, *Masculin féminin,* France, 1965.

Ado Kyrou, *la Chevelure,* France, 1961, avec Michel Piccoli.

Albert Lewin, *Bel-Ami,* États-Unis, 1947.

André Michel, *Trois Femmes,* France, 1951, d'après *Boitelle, l'Héritage* et *Mouche.*

Kenji Mizoguchi, *Boule de suif,* Japon, 1935.

Max Ophuls, *le Plaisir*, France, 1952, d'après *le Masque, la Maison Tellier* et *le Modèle*.

Jean Renoir, *Une partie de campagne*, France, 1936, musique de J. Kosma.

Mikhaïl Romm, *Boule de suif*, U.R.S.S., 1934.

Adaptations télévisées

Carlo Rim, *Treize Nouvelles de Maupassant*, 1961-1962, d'après *les Tombales, la Confession de Théodore Sabot, la Parure, En famille, les Bijoux, l'Ami Joseph, Toine, les Deux Amis, le Petit Professeur, le Condamné à mort, le Premier Rendez-vous, les Regrets de M. Saval, Dimanche d'un bourgeois de Paris*.

Claude Santelli :

Histoire vraie, 1973, avec Marie-Christine Barrault ;

Histoire d'une fille de ferme, 1973, avec Dominique Labourier ;

Madame Baptiste, 1974, avec Isabelle Huppert ;

le Port, 1974 ;

le Père Amable, 1975 ;

Première Neige, 1976.

La série « l'Ami Maupassant », 1986 (*l'Enfant,* avec Jean-Pierre Bouvier, Anne Consigny ; *Hautot père et fils,* avec Alexis Nitzer et Christian Cloarec ; *Berthe,* avec Marie-Christine Barrault, Michel Duchaussoy, Laure Marsac, Stéphane Jaubert ; *Aux champs,* avec Marylin Even, Bernadette Le Saché ; *l'Héritage,* avec Jean-Michel Dupuis, Sonia Vollereaux, Raoul Curet ; *la Petite Roque,* avec Bernard Fresson et Sophie de La Rochefoucauld).

(Documentation I.N.A.)

Petit dictionnaire pour lire les genres narratifs

actant *(nom masc.)* : tout élément (objet ou personne) qui joue un rôle important dans le déroulement du récit. Par exemple, un mari qui revient *(le Retour)*, mais aussi un chien *(Pierrot)*, une ficelle *(la Ficelle)*.

apologue *(nom masc.)* : court récit en prose ou en vers, fable comportant un enseignement moral.

auteur *(nom masc.)* : celui qui écrit, il s'agit ici de Maupassant. Rares sont les nouvelles où celui-ci signe de façon explicite. Il préfère souvent le pseudonyme de Maufrigneuse.

champ lexical : ensemble des mots utilisés pour désigner une notion donnée. Dans *Farce normande* par exemple, le vocabulaire du cortège nuptial est particulièrement riche.

chute (effet de) : surprise créée par la fin brutale d'un récit. Voir notamment la dernière réplique de *l'Abandonné*.

connotation *(nom fém.)* : signification figurée d'un mot. Le mot « crime », dans *le Crime au père Boniface,* a une connotation érotique.

dénotation *(nom fém.)* : sens propre.

dénouement *(nom masc.)* : moment (proche de la fin du récit) où l'intrigue se dénoue, se résout.

description *(nom fém.)* ou **mimèse** *(nom fém.)* : peinture d'un lieu ou d'un personnage (on parle dans ce cas de portrait). La description est généralement écrite à l'imparfait *(Histoire vraie),* ou au présent, dit « éternel » *(le Saut du berger).*

dialogue *(nom masc.)* : échange de propos entre deux ou plusieurs personnages. Le dialogue est repérable à ses marques typographiques (guillemets, tirets, etc.) et sémantiques (verbes d'introduction : dire, répliquer, rétorquer, etc.).

didactique *(adj.)* : qui vise à enseigner une morale ou une philosophie. Les contes de Perrault, par exemple, comportent une « moralité » et sont didactiques.

discours *(nom masc.)* : on distingue trois façons de représenter les propos d'un personnage :
a) le discours direct, par exemple, « Il répondit : ''Je m'en vais'' » ;
b) le discours indirect, par exemple, « Il répondit qu'il s'en allait » ;
c) le discours indirect libre (ou dialogue narrativisé), par exemple, « Il s'en allait ».

enchâssement *(nom masc.)* : récit à l'intérieur d'un récit. *Le Modèle* en propose un exemple.

éponyme *(adj.)* : se dit du personnage qui donne son nom au titre de la nouvelle *(Pierrot).*

héros *(nom masc.),* **héroïne** *(nom fém.)* : désigne à l'origine un personnage dont les actions et les qualités suscitent l'admiration ; le sens s'est ensuite étendu à tout personnage principal d'une œuvre littéraire. Dans les œuvres de Flaubert ou de Maupassant, les personnages principaux (maît' Belhomme, par exemple) sont souvent des antihéros.

incipit *(nom masc.)* : terme technique désignant le début d'un texte, d'une phrase, par opposition à la fin (ou « clausule »).

intrigue *(nom fém.)* ou **histoire** *(nom fém.)* : expression traditionnelle pour désigner le contenu de la narration et l'enchaînement des faits évoqués.

locuteur *(nom masc.)* : celui qui parle. Il s'adresse à un « allocutaire » ; l'un et l'autre peuvent ou non appartenir au récit. Au début de *Un Normand,* le locuteur est « mon compagnon », l'allocutaire, « je ».

monologue intérieur : expression de la pensée d'un personnage.

narrateur *(nom masc.)* : celui qui raconte. Il faut soigneusement le distinguer de l'auteur et ne pas attribuer à l'un les idées de l'autre. Le narrateur s'adresse à un « narrataire ». Celui-ci peut être un autre personnage ou le lecteur lui-même. Dans *Histoire vraie* par exemple, la pensée de Maupassant se dissimule derrière celle de plusieurs narrateurs comme M. de Varnetot ou M. Séjour.

narration *(nom fém.)* ou **diégèse** *(nom fém.)* : récit. Le temps du récit est généralement le passé simple ou le passé historique. On emploie parfois le présent (dit « de narration »).

onomastique *(nom fém.)* : étude des noms propres. Se subdivise en « toponymie » (noms de lieux) et « anthroponymie » (noms de personnes).

personnage *(nom masc.)* : être animé qui participe à l'action. Il y a des personnages principaux (nommés, décrits, etc.) et des personnages secondaires, souvent réduits à une simple caricature.

point de vue ou **focalisation** *(nom fém.)* : il est de trois types :

a) la focalisation zéro ou point de vue omniscient. Par exemple, la description de Boniface dans les champs au début du *Crime au père Boniface* ;

b) la focalisation interne : la vision est celle d'un personnage témoin. Par exemple, le mont Saint-Michel vu par le narrateur (qui est aussi un personnage) au début de la nouvelle *la Légende du mont Saint-Michel* ;

c) la focalisation externe : elle exclut le portrait ; les personnages sont simplement caractérisés par leur comportement. Par exemple, Mme de Cadour et M. d'Apreval, dans *l'Abandonné,* sont dépeints à travers leurs dialogues.

polysémie *(nom fém.)* : multiplicité de significations possibles lorsque les interprétations ne sont pas univoques. La situation finale de *Hautot père et fils,* par exemple, est équivoque, polysémique.

récit *(nom masc.)* : 1. synonyme de narration ; 2. genre littéraire court, proche du conte ou de la nouvelle.

registre de langue : façon de s'exprimer (familière, standard ou recherchée, littéraire).

sémantique *(nom fém. et adj.)* : désigne généralement les différentes notions recouvertes par un mot donné, par exemple, le champ sémantique du « réveillon » dans la nouvelle qui porte ce titre.

temps romanesque : temporalité propre au récit, distincte du temps réel. L'auteur peut exprimer de différentes manières :

a) la chronologie des événements en insistant sur certains d'entre eux, en en éliminant d'autres, etc. ;